文庫ぎんが堂

40歳からのモテるセックス

田辺まりこ

JN282468

イースト・プレス

はじめに

若者が「草食化」している今こそ、大人の男にチャンスあり！

先日、私はラジオ番組にゲストとして招かれました。テーマは「モテキ」。モテキというのは「モテ期」のこと。このタイトルを冠したコミックが人気となりドラマ化され、翌年には映画化されるなど、大きな話題を呼んだのでご存じの方も多いのではないかと思います。

恋愛経験がなく、童貞のまま30代に突入しようとしていた主人公の幸世《ゆきよ》クンが、突如として美女たちにモテはじめるというストーリーが斬新でしたね。かつてのモテない男といえば、好きな女性に果敢にトライするも玉砕をくりかえす、というのがパターンでしたが、幸世は意中の女性がいても決して自分からはアクションを起こさない典型的な草食系男子。そのあたりが今風で多くの人の共感を呼んだのでしょう。

モテなかった男が突然モテ男になってしまうなんてリアリティーに欠ける展開だという声も多いようですが、私はラジオ番組の中で「あながち絵空事だとは思いません」と答えました。

私が校長を務める「セクシャルアカデミー」には、幸世とそっくりな男性が絶え間なく駆け込んできますが、セミナー受講者からは「彼女ができました!」「職場の女性とデートをしました!」「童貞を捨てることができました!」といううれしい報告が次々に寄せられています。そうしたことから私は、「誰にでもモテ期は必ず訪れる」とセミナーでも力説しているのです。

ただし幸世のように、ある日を境に急にモテはじめるというのは、さすがにファンタジーだと言わざるを得ません。モテるためには、「自分はモテたいんだ」という強い気持ちを持つことが大事。その上で「モテるためにはどうすればよいのか?」と考え、行動を起こす必要があるのです。

もちろん、自分を客観的に見て外見や内面を磨くことはとても大切。でも一番重要なのは、女性について知ることだと、私は思います。

男性からの相談を受けるという仕事をしているからか、私は男性に囲まれているという印象を持たれがちですが、そんなことはありません。働く仲間や友人には女性が大勢います。みんな美人でスタイルも保っているし、とってもお洒落。その上、聡明で気配りが利いて、話し上手であり聞き上手でもある。彼女たちと会うたびに、「いい女っていっぱいいるんだなぁ」と、つくづく思うのです。

もちろん、それぞれに個性があって、年齢層も20代から60代までさまざま。性格的にもおっとりタイプもいれば、ハキハキした人もいます。でも彼女たちには、特筆すべき共通点があります。それは愛に飢えているということ。

ウソや誇張ではありませんよ。中には既婚者や恋人がいるという女性もいますが、私の知るかぎり、たいていの場合セックスレスであったり、トキメキを失っていたり。とにかくパートナーに対するテンションが下がりまくっているというのが現状。

独身者にいたっては「離婚してから3年くらい男性に触れていない」とか「30代前半で彼氏と別れて以来、セックスのセの字もない生活です」とか。過去に男性からひどいフラれ方をしたときのトラウマを引きずっている人もいるし、一度も交際をしたことがなく、処女のまま30代、40代に突入してしまったという人もいます。

そして誰もがタメ息まじりに言うのです。「もう、あきらめました」と。

もったいない話だと思いませんか？

彼女たちにあきらめの理由を尋《たず》ねると、口々に「私は女だと思われていないらしく、誰も誘ってくれません」「私から誘ってもドン引きされてしまいますから」「何度食事をしても友達以上の関係に進展しないので」などと言います。つまり彼女たちは、自分に女性としての魅力を感じ、積極的に誘ってくれる男性を待ち望んでいるのです。

誘ってくれない理想的な男性より、たとえ理想とは違っていても誘ってくれる男性に心を動かされるのが、女性の心理というもの。あのトップアイドルグループ・嵐のどんな熱狂的ファンでも、身近な男性と恋愛もすれば、結婚もしますよね。それは女性が本能的にリアリティーのある男性を求めているからだと思います。

そこで私がお伝えしたいのは、「勇気をもって女性にアプローチしてください」ということ。女性はアプローチされて初めて、相手の男性を意識しはじめます。そしてなによりも、傷つくのが怖くて殻に閉じこもる草食系男子が多い、つまりライバルが少ない今こそチャンスなのだと、強く認識していただきたいのです。

「セクシャルアカデミー」は創立12年目を迎え、セミナー受講者はこれまで1000人を超えました。「一度も女性とつきあったことがない」「いい年をしてまだ童貞だ」「風俗で童貞を捨てることはできたけれど素人童貞だ」「つきあっていた女性にフラれてしまった」「妻に三下り半を突きつけられた」など、セミナー受講者の抱える事情はさまざまですが、生身の女性と向き合い、恋愛やセックスを享受《きょうじゅ》したいという目的はいっしょです。

そこで、私はそういった男性たちに、メガネや髪形を変えたり服装を整えることから始め、会話術やデートへの誘い方、セックスの作法まで指導しています。一度だけのデートで終わらず「もう一回会いたい」と女性に思わせる。ひいては一度だけの性交渉であきれられてしまうことなく、「また抱かれたい」と女性を夢中にさせることができなければ意味がない、と考えているからです。

セミナーでは、モテ期を気合いで引き寄せる必要性を説いた上で、チャンスを逃さないための心構えや、継続的に女性とホットな関係を保ち続けるための方法についてお話ししているわけですが、それはそのまま本書のコンセプトでもあります。

2010年に出版した『女が悦《よろこ》ぶセックス』は、おかげさまでたくさんの方に愛読していただき、今も順調に版を重ねています。

第二弾となる本書では、女性に対する理解をさらに深めていただきたいと考え、女性の誰もが夢中になるセックスの秘術「**房中術**《ぼうちゅうじゅつ》」について、くわしく紹介することに力を注ぎました。この房中術が女性と、そしてあなたにもたらす快楽は、普通のセックスとはまったく次元の違うものです。

そこに必要なのは若さや体力ではなく、女性への思いやりと少しの知識、そして自分を変えたいという強い意志。房中術とは、年齢を重ねていればこそ、そして今までモテていなかったからこそできる、女性を虜にして離さないセックス術なのです。

もちろんその房中術を駆使する、つまり女性をベッドに誘うまでの道筋も、ちゃんと本書でご案内いたしますので、ご安心を。

一読すれば、あなたのセックス観のみならず、女性観や恋愛観、人生観までもが大きく変わり、恋愛やセックスを思いのままに楽しむ人生を手に入れられるでしょう。

40歳からのモテるセックス　もくじ

第1章　こうすれば、あの女《ひと》と素敵なセックスができる

第2章　モテるセックスの秘儀〝房中術〟——心得編

第3章　モテるセックスの秘儀〝房中術〟――実践編

おわりに

第1章　こうすれば、あの女《ひと》と素敵なセックスができる

理想的な女性は男性がつくるもの

あなたは、「モテる男性」と「モテない男性」の違いについて、考えたことがありますか?

1980年代、女性にモテる3条件として掲げられていたのは「高学歴」「高収入」「高身長」の、いわゆる「三高」でした。好景気を背景に誰もが浮き足立っていたバブル時代に男性たちからチヤホヤされた女性たちが、いかにも言いそうな言葉ですよね。でも厳密に言えば、女性の誰もが「三高」にこだわっていたわけではないのです。

実際に当時から、高学歴でなくてもいいと言っていた女性がいましたし、身長なんて気にならないと言っていた女性も少なくありませんでした。私の知るかぎり「高収入」に関して否定的な人はいませんでしたが、逆に言えば、お金さえあればモテるとは限らなかったわけです。

基本的に面食いである私は、「三高」の中にハンサムであることが入っていないことが不思議でなりませんでした。でもハンサムでなくてもモテる人はモテる。たとえハンサムでもモテない人はモテない。そもそも「三高」はバブル時代を象徴する言葉として説得力を持っていただけで、女性の好みは千差万別なのです。

それでもモテ男というのは、いつの時代にも確実にいます。

この話をするたびに思い出すのが俳優の火野正平さんのこと。数々の女性と浮き名を流し、「昭和のプレイボーイ」と呼ばれた火野さんですが、失礼ながら絶世の美男というわけではないと思います。声が素敵だという大きな武器を備えているとはいえ、それだけでは、あれほどまでにモテるはずもありません。

ですから私は火野さんがスキャンダル誌などで取り上げられるたび、彼にはきっと親しくなった女性にしかわからない魅力があるのだろうな、それはどんな魅力なのだろう、と考えていました。

後になって、火野さんと交際をしていた複数の女性が当時をふりかえって取材に応じている記事を読みましたが、まず驚いたのは誰ひとりとして彼を悪く言う人がいないことでした。そればかりか「いいときばかりではなく、苦しいときにも支えてくれました」「疲れて帰宅すると、寒空の中、彼がマンションの前で待っていて、その足元にはタバコの吸い殻がたくさん落ちていたんです」などと、どの女性も火野さんとのいい思い出を心に温めている様子。こうしたエピソードからは、火野さんがいかに優しい人であるかが伝わってきます。

近年、火野さん自身がプレイボーイと呼ばれた時代について触れている記事も読みました。その中で、女性にモテた理由について訊かれた火野さんは「俺は縁のある女とつきあうだけで、条件で女を選んでないからね」と話しています。もちろん謙遜《けんそん》もあるでしょう。でも私は次に続く言葉を読んで、思わず膝を打ちました。そこにはこう書いてあったのです。

「だって、自分にとってのいい女って、男が作るもんだろう?」

あらためて考えてみると、私の周囲にいるモテる男性も、女性の選《え》り好みをしていません。それは、どんな女性も愛情を込めて接すればサナギの殻を脱ぎ捨て蝶になることを知っているから。

人に対して心を尽くせば、相手からも必ず温かい心づかいが返ってきます。それが男と女の関係であるなら、なおのこと。愛を注げば女性はどんどん可愛くなる。〝ビタミン愛〟を注入されれば美しくもなります。体だってパートナーの望む抱き心地のいい女性へと変貌《へんぼう》を遂《と》げるのです。

いっぽう、モテないと嘆《なげ》いている男性は、好みの女性が天から降ってくるのを待っているだけ。モテない男性に限って、「美人がいい」「スリムでなくちゃ嫌だ」「バストが大きい女性がいい」「年下でなくちゃ」などとおっしゃる。「気立てがよければ、どんな女性でも」という方も、一見謙虚なようですが、好みを言っている時点で横着なんです。女性を性悪女《しょうわる》にするか、天女にするかは男性しだいなのですから。

耳が痛いとおっしゃる方も多いのではないでしょうか？

「こういう女性がタイプだ」と限定するのはやめて、まずは「女性ならタイプを問わずみんな大好きなんだ」と公言しましょう。それがモテ男になるための第一歩。人としての大らかさをアピールすることにつながるし、「彼なら私でも受け入れてもらえるかな？」と近づいてくる女性だっているかもしれませんよ。

「高嶺《たかね》の花」を手に入れる方法

選り好みをしてはいけないという話をしましたが、日本の男性は若い女性が好きだと言われています。それは世界的に有名な話で、先日もフランス人の女性から「どうして日本の男性は若い女性が好きなの？」と尋ねられました。

セクシャルアカデミーを通してたくさんの男性と向き合っている私の経験から言えば、それは自信のなさによるもの。多くの男性が「若い女性が相手ならイニシアチブを取ることができるけど、同世代の女性では無理だ」と決めつけているのです。

いやいや、若い女性は見ているだけでも気持ちが晴れるからだ、という人もいるかもしれませんね。たしかに若い女性はお肌もピチピチしているし、見た目に美しい。

それはよく理解できます。

それにしても……と私は思うのです。

ハッキリ言いますが、若い女性は残酷です。若いころ、男性に対して残酷だった私が言うのですから間違いありません。

若い女性は、若いというだけで沢尻エリカ様状態。悪気はないけれど、若さゆえに相手の気持ちを理解しようという発想に欠けていることもあると思います。その傲慢《ごうまん》さが魅力的だったりもするのですが、翻弄《ほんろう》されたり、時には利用されてしまうこともあるでしょう。

個人カウンセリングの相談者の中には、シャネルのバッグが欲しいというから買ってやったのに手さえ握らせてくれない、などと訴える中年男性もいます。でも私は同情しません。連れて歩くのが自慢になるほど若く美しい女性には、経費がかかるのが当たり前。親子ほど年の離れた男性にしか魅力を感じないという若い女性もいますが、その場合でも、男性側が若さの対価を支払うのがマナーだと心得ておくべきだと思います。

いずれにしても若い女性とつきあうのにはお金が必要。資産家なら問題はありませんが、今の時代、どれほどの人にそんな経済的余裕があるでしょうか。

無理は続きません。精神的にも経済的にも、そしてセックスの面でも、よほどのエネルギーがなければ若い女性とのつきあいは虚《むな》しい結果になってしまうのです。

本当の恋にお金はいりません。お金なんかなくてもいっしょにいるだけで楽しい。肌を合わせているだけで幸せ。それが恋の魔力というものです。

恋の先には当然、セックスが待ち受けています。ただ射精したいだけなら風俗で処理するという手もあるでしょう。でもそれは本当のセックスとはいえません。生命力につながるセックスの快楽は、特定の女性と心を通わせて初めて得ることができるもの。私が本書を通じて読者のみなさんに一番お伝えしたいのも、本当のセックスのすばらしさです。

そして、ここからが大事なところですが、もしも、あなたが生きる喜びを再確認できるような本当の性愛を望んでいるのなら、若い女性からは卒業するのも、ひとつの選択肢になると思います。

中高年男性の孤独を理解し、「最後の恋になるかもしれない」「一度でいいから本当のセックスを体験してみたい」といった想いを共有してくれるのは、同じように年を重ねてきた同世代の女性なのです。

こういう話をすると、男性のほとんどが「でも同世代の女性は怖い」とか「ナマイキだ」とか言いますが、それは勝手な思い込みというもの。

もちろん女性も年齢を重ねれば、自分の意見をしっかりと持つようになっていきます。社会の中で生きて行くためには負けん気も根性も必要です。でも、そのことの何がいけないのでしょう？

第一、そうした彼女たちのパンチのある発言を面白がり、生きる姿勢を尊《とうと》ばなくては、コミュニケーションは生まれません。

実際に成熟した女性と向き合ってみればわかると思いますが、社会の中で強気にやっている女性ほど、プライベートでは女性の部分を持て余しています。重たい鎧を脱いで心の翼を休める時間を求めているのです。

その上、こうした女性は謙虚さも備えているし、モテ男にヒリヒリさせられる恋より、本当に愛してくれる心のある人とゆったりと過ごしていきたいという想いが強くなっていることもじゅうぶんに考えられます。
もちろんセックスだって、体が開発されているために感度がいいし、知識を出し惜しみしない大胆さも持ち合わせていることでしょう。

私はセミナーなどで必ず、「いったん若い女性から離れて、同世代の女性にターゲットを絞ってみてください」と指導しています。
そうしたところ、学生時代に高嶺の花だと思っていた女性と、同窓会で再会したのをきっかけにつきあいはじめたというような報告がひんぱんに飛び込んでくるようになりました。

オバサンはイヤだ、怖いなどとひるんでいないで、年相応な恋愛を求めてみる。そのことの必要性について、ご理解いただけたでしょうか？

前向きと能天気は違う！

これは女性のあいだではよく言われていることですが、男性は男女間の問題に関して驚くほど能天気です。

たとえばＫさんという男性は、意中の彼女に告白したいという想いを胸に、私のセミナーに参加しました。とても熱心でしたので、私も親身になってアドバイスをしましたが、残念ながら相手の女性から「今、交際している男性がいるので」と断られてしまったのです。

ところが翌日、落ち込んでいるはずのＫさんが「彼女に何をプレゼントすればいいでしょう？」と質問してきたのでビックリしました。

たしかにセミナーでは、一度や二度デートの誘いを断られたからといってあきらめてはいけないと説いていますが、Ｋさんの場合はハッキリ言って惨敗。それでもあきらめない理由を尋ねてみると「彼女は交際相手と今日にでも別れるかもしれないじゃないですか」と、異常に前向きなのです。私は開いた口がふさがりませんでした。

女性の立場になって考えてみると、「交際している人がいる」というのは、相手を必要以上に傷つけないためのウソ。もしくは闇雲《やみくも》に断って逆恨みでもされたら面倒だと考えた末に導き出した苦肉の策でしょう。

もしかしたら本当に彼氏がいるのかもしれませんが、その場合でもKさんのことが気になるなら友達として残そうと考えます。でも彼女はそれさえしませんでした。つまり彼氏がいてもいなくても彼女にはKさんと交際する気はないのです。

もちろん、ひそかに想い続けるのは自由です。同様のケースでも「距離感を保ちつつ、タイミングを見計らって再チャレンジすれば、うまくいくかもしれませんよ」とアドバイスすることもあります。でもそれは友達としての関係性を受け入れてもらえた場合だけ。Kさんには敗者復活戦に挑むチャンスすら与えられなかったのですから、潔くあきらめるべきなのです。

それなのにプレゼントを贈ってしまうなんて、どう考えても得策ではありません。私ならストーカー行為だととらえ、金輪際《こんりんざい》関わりたくないと思います。

あまりの能天気さが原因で、女性にフラれてしまう男性も少なくありません。

私の知り合いのある女性は、友人の紹介で知り合ったＭさんと交際を始めました。何度かデートを重ね、Ｍさんの明るい人柄に触れた彼女は、この人となら楽しく生きて行くことができるかもしれないと幸せな予感に心を躍らせていたといいます。だからこそ、ホテルに誘われても躊躇《ちゅうちょ》することはなかったのです。

「正直言って彼のペニスは小さ目でしたが、そんなことは問題ではなかった。大好きだったので」

彼女は恥ずかしそうに話してくれました。

ところが、その後がいけなかった。

Ｍさんはセックス中に「俺の大きなペニスはどうだ？」というセリフを連発したというのです。

最初はプレイの一環かと思い適当に聞き流していたとのことですが、セックスが終わったあとも「僕のは大きいから女性はみんな痛がるんだけど、大丈夫だった？」などと的外れなペニス自慢が続いたのだとか。

そのとき、「私のアソコは痛くないけど、彼は痛い男だ」とハッキリ感じた彼女は、それ以来、Mさんとは一度も会っていないそうです。つまり能天気ぶりがガマンできなかったのです。

こうした例を通じて私がお伝えしたいのは、恋愛相手は「あなたって能天気ね」とアドバイスはしてくれないということ。

「彼とどうやって別れよう」と考えている女性は、その相手の将来のために本当のことを教えてあげようなどとは考えません。その結果、男性はいつまでたっても能天気な勘違いに気づくことができず、同じ失敗をくりかえすことになってしまうのです。しかも、こうした男性は珍しくありません。彼女ができない、恋愛が長続きしないと嘆いている男性のほとんどが、能天気な勘違い男なのです。

自分に限って能天気だなどということはない、と思っている人ほど注意が必要です。本当に音痴な人は音痴であるという認識がないといいます。本当にウツの人は自分はウツではないと言い張るといいます。このように、人は自分のことは見えていないというのが常です。

もしや、と自らを省《かえり》みてみる。まさか、と自分自身を疑ってみる。実はここがモテる男性になれるか、モテないまま終わってしまうかの分かれ道なのです。柔軟性を備えている人には無限の可能性がありますが、頑《かたく》なな人に明るい未来はありません。

さて、あなたは本当に「自分は能天気な男などではない」と言いきれますか？

もっともモテない男性のタイプは「友達がいない人」

では、どうすれば能天気な自分を改善することができるのでしょうか？

このことについては私も頭を悩ませていたのですが、あるとき、彼らには共通点があることに気づき、答えをみつけることができました。

その共通点とは、腹を割って話すことのできる恋愛経験豊富な男友達がいないことです。

モテない男性はモテる男性を敵視しがちですが、モテない人がモテない友達とつるんでいても進歩がありません。

いっぽう、恋愛経験豊富な友達なら、話をする中で「そんなことは女性の前で言わないほうがいいよ」とか「それは墓穴を掘ることになるよ」と教えてくれるはず。

そもそも男友達のいない男性は、女性から信用されません。

友達ならいるという場合でも、友達の質が問われます。女性はあなたの背後にあるあらゆるシチュエーションから、あなたという人間を探っているのです。

かつて私は、彼の友達が決め手となって交際を始めたことがありました。彼は羽振りのいい男性ではありましたが、フリーランスの仕事をしているというだけで、今ひとつ実態をつかめずにいたのです。ところが紹介される友達は一流企業に勤めるエリートばかり。そこで、こういう利発な人たちと親しい彼なら大丈夫だと決断を下したわけです。

逆に彼の友達を見て、つきあうのはやめようと判断した女性もいます。

彼自身は、清潔感にあふれた温厚な男性でしたが、紹介された友達は何をして食べているのかわからないような人ばかり。おまけに鉄道の話に終始してお開きとなった食事会だったため、こういう人たちと楽しげにつきあっている彼ってどうなんだろう、と思ってしまったというのです。

類は友を呼ぶと言いますが、友達は自分の一部。モテる男性とつきあっていれば、モテる男の会話術や行動が自然と身につくことでしょう。ぜひ、恋愛経験豊富な男友達をつくりましょう。

さらに、女友達をつくることができれば最高です。彼女たちと恋愛について語り合い、エッチな話をガンガンすることをおすすめします。自慢したいことがあれば自慢する。こういう誘い方をしようと計画しているなら思い切って打ち明けてみる。ブーイングを浴びせられ、恥をかくこともあるかもしれませんが、それこそが恋のレッスン。意中の彼女の前で取り返しのつかない醜態をさらすよりはずっとマシなのです。

女友達を作るための具体的な方法としては、二人以上の女性を同時に食事に誘うこと。人気のレストランなどを調べて「○○さんにも声をかけたんだけど、この店に行ってみたいんだ。男同士で行くのはヤボだから、つきあってくれるかなぁ。おごるからさ」と切り出してみましょう。

誘われたのが自分だけでないと思わせられれば警戒されませんし、女性は食いしん坊なので、話題の人気店で食事をごちそうしてくれるならと、大喜びで同行してくれるはずです。お酒が入れば本音トークも炸裂することでしょう。多少お金はかかりますが、授業料だと思えば安いものです。

意中の女性にアタックするのは、女友達を気軽に食事に誘い、ワイワイと軽口をたたき合えるようになってから。

でも実は、ここまでくればしめたもの。この段階ですでに高いレベルのコミュニケーション力を身につけていることになるのですから。

いずれにしても、モテる男になるためには〝急がば回れ〟の精神が大切なのです。

コンプレックスがあってもポジティブな男性の秘密

能天気な男性が多いことは事実ですが、コンプレックスの強い男性が多いのも、また事実。その上、男性はモテないことをコンプレックスのせいにするのが特徴的です。セクシャルアカデミーの生徒さんの中にも、学歴がないから、収入が少ないから、背が低いから、ハゲているから、太っているから、口下手だから、童貞だからと理由を述べて、「だから女性にモテないんです」とくりかえす人が目立ちます。

でも失礼ながら、私に言わせれば、「そんな風にウジウジしているからモテないのだ」という結論に達してしまうのです。

コンプレックスがあるなら、コンプレックスを克服しなくてはならないでしょう。といって、いくら努力しても低い背が高くなるわけもないし、ハゲている頭から毛が生えてくるわけでもありません。シークレットブーツを履いても、カツラをかぶっても、根本的に問題が解決するわけではないので気持ちは晴れず、「そのことがバレてしまったらどうしよう」とさらなる悩みを抱えてしまうことでしょう。

ではどう克服すればいいのかといえば、開き直ってしまえばいいのです。

男性は意外に思うかもしれませんが、ハゲている男性が好きだという女性は少なくないし、身長の高い女性には背の低い男性が好きだという人が多いのです。このように男性の抱えるコンプレックスの多くが、実はよけいな悩みだったりするのです。

堂々としていればいくらでも女性が寄ってくるのに、妙に卑屈になるから、その暗さや自信のなさが女性を遠ざけてしまうのです。

実際、私の周囲にいるモテる男性がパーフェクトかといったら、そんなことはありません。

私の女友達の中でも大人気のJさんは、背も低く、ぽっちゃり型で、その上、ハゲています。正直な話、顔もガマガエルのようでハンサムとはいえないというか、ブサイクというか……。

でもJさんは女性に好感を持たれています。なぜかといえば、ユーモア力に長《た》けているからです。

たとえば、みんなで記念写真を撮ろうとしたときのこと。一度目にフラッシュが光らなかったことに気づいた人が「今、光ってなかった」と言うと、Jさんはすかさず「光るとか、気安く言うなよ。ドキッとするから」と切り返して周囲の人を爆笑の渦に巻き込みました。おかげで誰もがにこやかに笑うすばらしい写真を撮ることができたのです。

ハゲをネタにして周囲の人を笑わせるJさんは、コンプレックスを逆手にとって人気を集める強い人。周囲の人によけいな気づかいをさせまいと気を配る優しい人だと評価する女性もいます。

つまり、Jさんは外見的な短所を内面的な長所で補っている典型的なタイプ。そればかりか、コンプレックスを逆手にとって魅力にすりかえているのですからアッパレです。

コンプレックスは、他人と自分を比較することによって生まれます。でも人は、みんなそれぞれに個性を備えているのです。人より劣っている面ばかりではなく、人より優れている点が必ずあります。短所ばかりを拡大視するのはやめ、長所をみつけて伸ばすことに力を注ぎましょう。そのポジティブさに女性は惹《ひ》かれるのです。

聞き役になれる男性がモテるワケ

ちなみに私は、Jさんが自慢話をするのを聞いたことがありません。サービス精神は旺盛《おうせい》でも自分の話をペラペラするタイプではないJさんは、いつも女性たちの相談役に徹しています。

あるとき、Jさんとの食事会に同席していたK子さんが、「自分には人知れず抱えているコンプレックスがある」と話しはじめました。そのコンプレックスのせいで恋愛に対して積極的になれないというのです。

私を含め、周囲にいた女友達は興味津々《きょうみしんしん》。「オッパイが小さいこと?」などとからかうようにはやしたてましたが、Jさんは静かな声で「誰にだってコンプレックスのひとつやふたつあるよ」と言ったあと、「オッパイが小さい女性のほうが好きだという男もいるしさ」と話を続けました。

するとK子さんは意を決したように「でも、アソコがゆるい女を好きな男性はいませんよね?」と衝撃の告白をしたのです。どうやら以前つきあっていた彼の「おまえ、ガバガバじゃん」という心無い一言がトラウマになっている様子。ひどいことを言う男がいるものだと、そこにいた女性全員が怒り心頭でしたが、Jさんは「よくある話だよ」と、K子さんを諭《さと》すようにふたたび話しはじめました。

それは最近、女性誌などで話題になっている女性器の整形の話でした。

美容整形外科を訪れる女性たちが抱える女性器のコンプレックスは、小陰唇の肥大、黒ずみ、大陰唇の皮膚のたるみなどいろいろとあります。高いお金を払い、痛みを覚悟で手術を受けるのですから、悩みの深さがうかがい知れるというものですが、ほとんどの女性はパートナーの一言で、女性器に対するコンプレックスを抱きはじめるのだそうです。

相手は軽い冗談のつもりでも、女性は深刻にとらえてしまう。医師が手術をするほどではないと診断しても納得しない女性も多いと言います。

ここまでJさんの話を聞いて、女性たちはいっせいに「でも女性器は顔と同じようにみんな違うのよ!」と叫びました。それを受けてJさんも「淡いピンク色で、小陰唇のビラビラが左右対称なんて、そんな女性器は実際にはあり得ない」と力説。小陰唇はパンティにこすれるうちに肥大していくのが普通だし、色素沈着は生理用ナプキンによるかぶれなどが原因。つまり日常生活をしていれば形が変形したり、黒ずんだりするのは当たり前のことなのだというのです。

K子さんと同様に「膣がゆるい」という悩みを抱えている人も多いようです。これは骨盤底筋など周辺の筋力の衰えが原因です。加齢により必然的に陥る症状なのであり、経産婦の80パーセントが以前より膣がゆるくなったと感じているというデータもあるそうです。

でも彼女のように出産経験もなく、まだ30代と若い女性である場合には、本人がそう思い込んでいるだけで、人と比べて異常にゆるいということはないのではないかというのがJさんの見解でした。

「そんなに気になるなら一度専門医に診てもらったら?」とアドバイスされ、K子さんも自信を取り戻すためにはそれしかないかも、と前向きにとらえていたようです。

それにしてもJさんは、どうしてこんなに女性の抱える女性器の悩みについて詳しいのでしょうか。

そう思って尋ねてみたところ、以前、交際していた女性がそうしたコンプレックスを抱えていたので、いっしょに克服しようと相談し、専門医を訪ねたそうです。

その結果、彼女のコンプレックスは思い込みであることがわかり、以降、大胆になった彼女との素敵なセックスライフを愉《たの》しんだとも。

私はその話を聞いて、女性に対する理解の深さがＪさんの最大の魅力なのだと悟りました。

あなたは女性の抱えるコンプレックスについて考えたことがありますか？

自分のコンプレックスについて悩むヒマがあるのなら、女性について知るための努力をしていただきたいと思います。その知識は女性と向き合うときに、男性のいかなるコンプレックスをも帳消しにするほどの強い武器になることでしょう。

「会話力」は誰でも身につけられる！

モテないことを自覚するセクシャルアカデミーの生徒さんは、饒舌《じょうぜつ》な男性と無口な男性のふたつのタイプに分かれます。

「そんなのアカデミーの生徒に限ったことじゃないのでは」と思う人がいるかもしれませんが、モテない男性は単に饒舌なのではなく饒舌すぎ、単に無口なだけでなく異常なほどに無口すぎるのです。

会話術はとても重要。デートをするきっかけを作るのも、女性と親密な関係になるのも会話しだい。会話を上手に操れるようになれば勝ったも同然だと言えるのですが、これがなかなかに難題です。読者のみなさんの中にも、女性と向き合って話をするのが苦手だという方が大勢おられるのではないかと思います。

ではまず、自己分析をすることから始めてみましょう。

あなたは饒舌すぎるタイプでしょうか？　それとも無口すぎるタイプですか？

饒舌すぎる人というのは、明るい印象を与えますが、過ぎたるは及ばざるがごとしで、ムードメーカーとは言えません。むしろ飲み会などの場面で、初対面の女性を相手にペラペラと話し続ければ、「空気の読めない人だな」と思われるのがオチ。時事ネタなどを織りまぜ、周囲の人を笑いに誘えるほどの話しっぷりであるなら別ですが、饒舌すぎる人は自分をアピールすることに必死なことが特徴なのです。

では、なぜ自己アピールをしてしまうのかといえば、それは「少しでも早く自分のいいところを把握してもらいたい」というあせりがあるからです。理解できなくもないのですが、自己顕示欲の強い男性は絶対に女性に嫌われてしまいます。

これは先日、婚活に余念のない30代前半の女性から聞いた話です。

目の前に現れた42歳の男性は、テーブルに着くや否やメニューを選ぶよりも先に自分の話を始めたといいます。どこの生まれで、大学はどこで何を学んでいたか。一流企業に入社したあとは海外転勤を命じられ、どれほど活躍したか。今の自分はどんな職務に就き、将来は何をしたいと思っているか。親は何をしていて、どんな家に住んでいて、どれほど教育熱心であったか。両親の人柄、妹の嫁ぎ先の話、弟の勤務先の話、出世した親戚の話……。

彼は条件のいい男性だったようですが、彼女は「この人には自慢したいことがたくさんあるんだな～」と思うのと同時に、幼さを感じてしまったそうです。

「たった2時間ほどいっしょにいただけで、彼が幼いころから飼ってきた歴代の犬の名前まで知っているなんてすごいでしょ」

彼女はそう言って苦笑していましたが、その話から彼が一方的にしゃべりまくっていた様子が手に取るように伝わってきます。

もちろん彼女はドン引き状態。ハッキリ言って疲れましたと眉をひそめていたのが印象的でした。

いっぽう、無口すぎる男性は、暗い人というイメージを与えてしまいがち。このことについての説明はいらないでしょう。控え目だと言えなくもありませんが、女性と向き合う場合には、「楽しいのか、退屈なのか、何を考えているのかわからない男性だ」という烙印《らくいん》を押されたらアウトです。

見ているだけでウットリするような美男子なら別ですが、無口すぎる人は、いい年をして社会性のない人、恋愛経験の乏《とぼ》しい人だとみなされ、友達になるのもイヤだと女性から拒絶されてしまいます。

つまり饒舌すぎる人も無口すぎる人も、コミュニケーション力に欠けているという点においては同じ。恋愛以前に人としてどうなのか、と思われてしまう人が女性にモテたいと思っても、それは無理というものです。

そこで提案ですが、人と話をするときに録音してみてはいかがですか。再生して客観的に聞いてみれば、自分の欠点がよくわかると思います。

私もその方法で、悪しき口癖やイントネーションを正したり、理想的な声の出し方を学んだりしました。最初は自分の声って気持ち悪いとか、聞くに堪《た》えない言葉づかいだと赤面するなど、つらい作業になるかもしれませんが、それだけにショック療法にも似た効果を生み出し、みるみるうちにあなたの会話の弱点を改善していくことでしょう。

ぜひ、試してみてください！

女性に好まれる会話のコツ

ここでは、女性に好まれる会話とはどういうものなのかということについて、あらためて考えてみましょう。

会話をするときの心得として覚えておいていただきたいのが、声のトーンと話す速度です。女性の心をつかむために声はとても重要。故・細川俊之さんは、艶《つや》のあるバリトンで一世《いっせい》を風靡《ふうび》しました。私の友人の中には彼の声を「子宮に響く」と評した女性もいるほど。男性の美声は女性の官能を呼び覚まします。

それに比べて男性の高い声は、声変わりをしていない少年や三枚目のアニメキャラクターを連想させ、話していてもなんだか落ち着きません。

また、どういうわけか高い声の男性ほど早口なのですが、多少トーンの高い声でも、ゆっくり話せば幼い印象やせっかちなイメージを払拭《ふっしょく》できます。

さて、いよいよ会話の話に入りましょう。

一般に男性は加点法で女性と向き合い、女性は減点法で男性と向き合っていると言われています。男性が会うたびに女性の素敵なところを発見するのに対し、女性は会うたびに欠点を見つけて落胆していくというのです。

この女性の哀しい性《さが》を食い止めることはできませんが、ギャップを最小限に抑えることならできます。

それは、初対面のときに大風呂敷を広げないこと。

たとえば、最初から外車に乗っていることを話してしまうと、女性は二度目に会ったときには外車以上にインパクトのある何かを期待します。最大の自慢が外車であった場合には、二度目には「な〜んだ」とガッカリされてしまうわけです。

ところが一度目に会ったときによけいな情報を与えないまま、二度目のデートのときに外車で現れれば、それはそのまま得点として加算されます。

こうした女性の心理をうまく利用するために、饒舌すぎる人におすすめしたいのは「今日は聞き上手に徹するぞ」と心に決めて女性と会うこと。女性から質問されたことだけに答え、自分からは自分に関する話はいっさいしないと決めておくことが大切なのです。

女性に「自分の話ばかりしちゃって、彼のことは何も知らないな」という余韻《よいん》が残れば大成功。あせらなくても、一度目のデートがうまくいけば二度三度と会うことになり、自分の話をする機会はいくらでも作ることができます。

初対面の2時間ですべてをわかってもらいたいと思うのではなく、ゆったりと構える。そうした意識革命を心がけましょう。


会話術というのは、誰にも教わらなくても上手い人もいれば、頭ではわかっていても実際には緊張してしまい、うまく話せないという人もいます。話下手な人というのは、根暗なわけではなく不器用なのでしょう。その場合には無理に話すとかえって墓穴を掘ることにもなりかねません。

そこで「うなずきマン」を目指しましょう。

女性にするのは質問だけ。「ウン、ウン」と深くうなずき、ときおり「それで?」「なるほどね」と相槌《あいづち》を打つ。笑顔をたたえ、しっかりと相手の目を見て向き合うことがポイントです。

初対面の女性と交わす会話の基本は、聞くが8割、話すが2割。話すときには、低いトーンでゆっくりと。

そして別れ際には「今日はありがとう。とても楽しかった」と告げることを忘れないようにしてください。これだけで、ずいぶんと印象が変わるはずです。

メールの文面でわかる、あなたのモテ度

デートにこぎつけるまでも大変ですが、デートを重ねる中で女性のハートを射止めるのは、もっと大変です。なにしろその女性が何にときめき、どんな男性に魅力を感じるのかは、人それぞれなのですから。

でも、何にでも無難な対応というのはあります。そこさえ押さえておけば、少なくともあきれられたり、嫌われたりすることはない受け答えの仕方があるのです。

これからお話しするのは一般論。田辺まりこ個人の意見というより、周囲の女性たちにリサーチした結果の総括であると考えてください。

先に「草食系男子」の多い今こそチャンスだとお伝えしました。だからといってガツガツ、ギラギラとした態度で迫っては女性に逃げられてしまいます。

女性の理想は、一見さわやかで、おだやかで、にこやかで、でも一皮むいたらもの

すごい情熱家で、タフで、エネルギッシュな男性。こういう男性のことを、草食系の皮をかぶった肉食系という意味で、「ロールキャベツ系男子」というのだそうです。

草食系男子がデートに誘うために女性に送るメールの文面は、回りくどく、ダメだったときのために言い訳が立つよう伏線が張ってあるのが気になるところ。

《こんにちは。このあいだは楽しかったです。また、あのときのメンバーで会いたいですね。よろしければご都合を知らせていただければと。よろしくお願いします》

何が目的なのかがハッキリしない上、絶対に連絡が欲しいという気合いが伝わらないため、気が向いたら返信するかと適当にあしらわれてしまいます。

肉食系男子をはじめ、ギラギラとした印象を与えてしまう男性のメールは、全体的に強引で、デリカシーに欠けています。

《○○ちゃん、元気してますか？　また会おうよ。ご飯ごちそうしちゃいますよ。いつでも連絡してね。待ってま～す》

という調子。たいていの女性は、この文面を見て「なれなれしい、なんのつもりかしら?」と思います。そして「ご飯代くらい自分で払えるわよ」と憤りを感じ、「いい年をして軽すぎる」と軽蔑し、その結果、完全に無視されてしまいます。

それではロールキャベツ系男子の場合はどんな感じなのかというと、まるでビジネスの相手に送るメールのように硬派で、絵文字や顔文字などはいっさい使わない。でも、ほんの少しだけワイルドなスパイスが忍ばせてあるのが特徴的なのです。

《こんにちは。突然ですが、今度はぜひ、二人で食事をしたいと思います。ご都合はいかがでしょうか。連絡をお待ちしています》

こんな具合。スッキリとしていて、断った場合でも根に持たれないだろうという安心感があります。気にとめていなかった男性であったとしても、「二人で」と伝えてきた勇気に胸を打たれ、一度くらいデートしてもいいかなと思う女性もいるでしょう。いずれにしても、きちんとしたメールを返さなくてはいけないなという気持ちになります。

こんな短いメールからも女性は、さまざまなことを読み取っているのです。

他にも、長い文面は粘着気質を連想させますし、絵文字を駆使したメールや個性的な文面のメールは目立ちたがり屋なおっちょこちょいだと失笑されてしまいますので、くれぐれもご用心を。

こんな「さりげなさ」がムードをつくる

さて、初デートにこぎつけたとしましょう。

ここで、なんとか次のデートにつなぎたいと思いながらも、オタオタしてしまい、なんのインパクトも与えられないというのは最悪です。

かといって、いきなり「おきれいですね～」「僕の好みのタイプです」などと褒めそやすというのも得策ではありません。

褒められてうれしくない女性はいませんが、ダイレクトすぎて引いてしまうのです。「誰にでも言っているのね」と不愉快な気分になることさえあります。

ここは、洞察力で勝負しましょう。

「あ、髪形変えたんですね?」とか「いつも黒い服なんですね」とか。すると女性は自分をしっかりと見ていてくれているのだなと思います。押しの強い口説き文句ではなく、さらりと好感を持っていることを伝える。この、「さらりと」というのがミソなのです。

メニューを選ぶときの様子から、男性の本質を見抜くという女性は多いもの。基本的に女性はリードしてもらいたいと思っていますので、グズグズせずに「僕はこれにしますが、あなたはどうしますか?」と尋ねましょう。

女性が「今日のスペシャリテって何かしら?」と首をかしげたら、店員さんを呼んで質問するのも男性の役割です。

安いコースと高いコースがあって、女性が安いコースを選んだら、「せっかくだからこっちにしたらいかがですか?」と高いコースを勧めること。細かいことのようですが、ケチじゃないなという印象を与えることは、とても大事なことなのです。

レストランのメニュー選びは、お互いの関係性がまだぎこちないこともあり、気まずい時間になりがちですが、「好き嫌いはありますか?」「どんな料理がお勧めですか?」と、食というテーマで会話をふくらませることは簡単にできるはず。どんどん女性に質問を投げかけてください。

食事中の会話は、「忙しいですか?」と仕事の話から入るのが無難です。いきなりプライベートなことに切り込まれるのを好まないという女性は圧倒的に多いのです。女性のほうから自発的にプライベートな話を始めたら、ほとんどの場合、男性に心を許したサイン。ここがチャンスです。ボンヤリ聞き流すのではなく、彼女が自分の何をアピールしたいのかを探りながら聞き、「いいね」と肯定するのです。ここで批判的なことを言ったり、説教がましいことを言ってしまうと、「この人とは気が合わない」と減点されてしまいます。

会話の中では「どういう店に行ってみたいですか?」と尋ねることを忘れてはいけません。その質問に対する彼女の答えは、「だったら次は、その店に行きましょうか?」と次のデートにつなげるための切り札となるからです。

さて、スマートに支払いをすませたら、男性のほうから「今日は楽しかった」と伝えましょう。

老婆心ながら、このときにきちんと「ごちそうさまでした」と言えない女性は、いかに好みのタイプであっても見送ったほうがいいと思います。

モテないと自覚している男性は「自分のほうから断る」という発想を持ち合わせていないことが多いのですが、自分にも選ぶ権利があることを忘れずに、終始、堂々とふるまうことが大切なのです。

男性がごちそうした場合、帰宅後または翌日に女性がお礼のメールを送るのは常識です。ということは、女性からメールが来たからといって喜ぶのはまた早いのです。その気になって先を急ぐとガツガツしてると思われてしまいますので、この段階では「メールをありがとう。楽しかったですね」と返す程度に留めましょう。

そこから楽しいメールのやりとりが続くようなら、その流れで次のデートの約束をとりつけても構いませんが、そうでない場合には、短くても1カ月は空けるようにします。

好意は抱いているけれど好きなわけではない、という状態のときに、矢継ぎ早に誘われると「うっとうしい」と感じる女性が多いようです。

時間を空けると、余裕のある男性だと思われるだけでなく、じらしの効果も生まれます。すぐ来ると思っていた二度目の誘いがなかなか来ないとなれば、女性のほうも気になります。
「自分は気に入られなかったんじゃないか？」とか「もう連絡は来ないかもしれないな」と不安になる。そこへ誘いのメールが来れば女性はある種の達成感を感じて、ついいい返事をしてしまうのです。あるいは、このくらいのペースで食事をするくらいならいいわ、と承諾することもあるのです。

男性がごちそうした場合、女性からお礼のメールを送るのは常識とお伝えしました。メールを先に送るのは女性のほうであって、そのメールが来ないうちに男性から連絡をしてはいけません。メールが来ないのは「もう誘わないでください」というサインである可能性が高いからです。

もっとも、そんな非常識な女性との縁などは切れたほうがいいと私は思います。

素敵な女性は、まだまだ大勢います。結果がどうであれ、学習したことを活かして次に進むことが大切なのです。

女性のOKサイン・NGサインの見分け方

何度かデートを重ね、いよいよ関係を深める時期がやってきました。

ここで大切なのは、会話そのものというより空気を読むこと。そもそも嫌いな男性に誘われて何度も出て行く女性はいませんが、それだけでは彼女があなたのことを友達と思っているのか、男と女の関係になることを期待しているのかを判断するのは難しいと思います。

そこで、女性の心理を見極めるためのポイントをご紹介しましょう。

二人の会話の中にセクシャルな内容の話が出てきていたり、女性から「温泉へ行きたい気分だわ」などという艶《つや》っぽい発言があれば、勝負に出る価値はじゅうぶんにあるといえるでしょう。むしろ誘わないのが失礼なくらいです。

また、外見は心の表れです。初めて会ったときはカジュアルな服装だったのに、デートを重ねる中でフェミニンな装いに変わっていくのはよい兆し。メイクやヘアスタイルに気を使うようになったり、香水をつけはじめたりといった変化も見逃してはいけません。

いっぽう、終電の時間を気にしていたり、「最近忙しくて」と仕事の話から離れなかったりと気ぜわしい雰囲気を漂わせていたら、まだ機は熟していないと考えたほうがよいのです。デート中に携帯電話の電源を切らず、着信があると「ちょっと失礼」などと席を立ってしまうというのも、今晩が勝負だと思っている女性のする行動ではありません。ふたりきりの時間が大切で、セックスという非現実的な世界へと誘われたいと思えば、携帯電話の電源はオフにするのが普通だと思います。

女性の気持ちを見極めるためのアレコレをお伝えしてきましたが、どんなに注意深く探っても〝絶対〟はありません。絶対に大丈夫だと踏んでもダメだった、ということも考えられますし、絶対にダメだと思っても挑んでみなければわかりません。

いつの場合も勝負は五分五分。つまり基本的に、恥をかく覚悟で挑まなくてはいけないということです。

この一言が女性の心を動かす

もちろん会話の中身も大切です。会話ひとつでその気のなかった女性がその気になるということはじゅうぶんあります。

逆に男性の一言で、その気で来たのに気分が萎《な》えるということもあるのです。強引にベッドに誘うのは論外。かといって女性を女王様のようにまつりあげることが得策だともいえません。いばるでもなく、媚《こ》びるでもなく、対等な関係を強調することが大切。下手にセクシーな雰囲気を作ろうとするより、楽しく談笑することを心がけるほうがよいでしょう。

女性は基本的に自分から誘うのではなく、誘われることを望んでいます。ですから好きな気持ちを伝えることは大事なのですが、もっと重要なのは、女性に言い訳を与えることと不安要因を取り除いてあげることです。

セックスを受け入れる女性が抱《いだ》く言い訳の中でもっともすばらしいのは「彼のことを好きになってしまったんだから仕方がない」というものですが、「終電に乗り遅れてしまったから」というのも自分への言い訳になります。その場合、「終電に間に合わなくなっちゃったね。ごめん」とすかさずフォローすると、女性の気持ちはグッと楽になります。

また、不安要素というのは、たとえば体型もそうです。

女性も30代、40代ともなれば体のラインが崩れてきます。そのことを気にしてセックスに積極的になれないという女性はとても多いのです。そこであらかじめ「僕はガリガリの女性より、ふくよかなくらいが好きだな」と伝えておく。その一言が彼女の背中をグッと押すことにつながるのです。

中には「私、もう若くないから」などと不安を口に出して伏線を張るタイプの女性もいます。その場合には「それがいいんだよ」と軽く受け流すことで、そう言ってくれるならと女性の心が動くことでしょう。

年齢を気にしている女性や、バリバリのキャリアウーマンの心の琴線に触れるのはズバリ、「可愛いね」という一言。

私も以前「まりこって、しっかり者だと思ってたけど、マヌケなところもあって可愛いね」と言う彼の言葉にキュンときて、思いがけず深い関係になったことがありました。

いずれにしても、性的な会話を交わすようになれば、あと一押しです。

でも、ここであせっては元の木阿弥。たっぷりと時間をかけてセクシャルトークを堪能《たんのう》してください。

女性にとって、セクシャルな会話を交わしながら過ごす時間は前戯。そう、食事をしているときからセックスは始まっているのです。

その上で、トドメのセリフは明るくハッキリと。

小田和正さんの「Ｙｅｓ―Ｎｏ」は名曲ですが、女性には「君を抱いていいの？」という歌詞が不評。そんなこと訊かれても困るわよねぇ、というわけです。

たしかにその通りで、セックスをしたいと望んでいるのであれば、ハッキリと口にしなくては相手の態度も曖昧《あいまい》になってしまいます。

「ホテルへ行こう」「君が欲しい」「セックスしたい」……。どんなセリフで誘われるのが好みなのかは女性によってさまざまですが、「今日はずっといっしょにいたい」というあたりが無難ではないでしょうか。「いっしょに旅行に行こう」というのも、よほど鈍感な女性でないかぎり、「セックスしよう」と同じ意味だととらえます。

最後に、断られた場合についてですが、ニヤニヤ笑って照れ隠しをしたり、フテ腐れた態度で皮肉を言ったり、妙に凹《へこ》んでみせたりせず、「そう。残念だな。変なこと言っちゃってごめんね」と伝えましょう。

未練たらしくすがってもうとましく思われるだけですが、潔くあきらめるという態度を示せば、その態度に女性が惚《ほ》れるということも考えられるのです。ぜひ、男らしくふるまっていただきたいと思います。

女性が本当に求めているセックスとは？

私のセミナーの受講者には、セックスに自信がないと悩んでいる男性が大勢います。早漏や遅漏、勃起不全、中折れなど機能的な問題を抱えているケースもありますが、「セックスの関係になると女性が離れてしまう」といった、テクニック的な問題に直面している人も少なくありません。

でも私は、自分のセックスは未熟だと自覚している人にこそ可能性があると考えています。

というのも、１０００人以上の男性とセックスをした経験のある私が、「この人はセックスが上手い！」と思った人は、10人いるかいないか。ほとんどの男性が自信たっぷりに挑んできて、このありさまです。つまり、能天気な人が多いだけで、実は１００人のうち99人は女性を満足させることができていないということになります。

つまり、セックスに関するコンプレックスを抱いていない男性も、いや多大な自信を持っている男性でさえ、スタートラインに立ったまま前進せずに立ち往生しているということ。ゆえに自分のセックスは未熟だと「先に気づいた者勝ち」なのです。

セックスの回数にしても、日本は世界最下位。1位のギリシャが年間平均164回であるのに比べ、日本はたったの48回。日本はセックス後進国なのです。

といって性欲がないのかと言ったら、そんなことはないと思います。日本ほど性風俗のバリエーションが豊かな国はありませんから。

性欲があり、性風俗に通うマメさも備えている日本の男性ですが、どれほどの人が本当のセックスを知っているのかは、はなはだ疑問です。

あなたはセックスというものを、単に挿入して射精する行為だととらえてはいないでしょうか？　あるいはセックスの目的は自分が快楽を味わうことだと考えているのではないでしょうか？

私はここで断言します。もしそうであるならば、そんなあなたには、女性の求めるセックスをすることなど永遠にできません。

あなたのセックスに足りないのは「時間の使い方」

女性に満足感を与えるためには、女性を気持ちよくさせてあげることが大前提です。「そんなことはわかっている」という声が聞こえてきそうですが、わかっている男性が多いのなら、なぜセックスの時間が短いのでしょう？

日本人の性行為にかける時間は約20分。その内訳は前戯に5分、挿入に15分です。けれど女性が求めるセックスは、少なくとも前戯に1時間、挿入に30分、そして後戯に1時間。ラブホテルでの2時間をフル活用しても、女性がじゅうぶんな満足を得ることはできないのです。

セミナーでこの話をすると、小さなざわめきが起こります。男性にとって2時間半はそれほどまでに想定外だということ。それもそのはず。2時間では時間が余ってしまうというカップルのためのカラオケやゲームが、ラブホテルには用意されているほどですから。

これは、そもそもラブホテルが本当のセックスを知らない男性による男性本位な視点で作られているからなのです。最近はいかにも女性が好みそうな、清潔でファンシーな内装のラブホテルもあります。備品として女性用の化粧品、パンティやストッキングの替えまで置いてあるホテルも珍しくありません。

けれど、相変わらず2時間単位。ラブホテルは今も昔も男性の性欲処理を中心に考えて提供されている空間なのです。


デートのときから始まっているセクシーな気配は、ホテルの部屋に入れば確実に濃くなります。密室では誰の目を気にすることもなく抱き合うことができるのです。

かといって、あせりは禁物。

映画などでは、ふたりきりになるや否やお互いの服を剥《は》ぎ取り、もつれ合うようにしてベッドに倒れ込んで行為に及ぶというシーンもあります。たしかに、欲望を抑えきれず、一気になだれ込むといった情熱的なシチュエーションも素敵ですが、現実的には女性が気持ちを高揚させるのには時間が必要です。

このことについて、私はいつも女性を車にたとえて説明しています。

真冬の朝、エンジンが温まらないうちに無理やり動かすと車は故障してしまいます。女性も同じ。好意を持ち、ベッドをともにしたいという気持ちでふたりきりになっても、女性の心や体はまだ冷えています。それなのにムード作りもせず、短い前戯だけで挿入してしまったのでは、感じるどころか痛いだけ。その上、それは心を置き去りにしたままアクセルを踏み込むようなものなのです。

女性に「もう一度抱かれたい」と思わせることのできる男性は、こうした女性のメカニズムを熟知しています。「この人はセックスが上手い！」と私をうならせた男性も、「まりこの足は冷たいね」と言って自分の胸に抱えて温めてくれました。「あぁ、この人は自分の快楽よりも、私の気持ちや体を気遣ってくれている」という感動は、絶対に女性の心に響きます。私もそのとき、「この人はこれまでの男性とは違う」と確信したのは言うまでもありません。

「彼でなければダメなの」と女性に思わせるセックスができる男性。それはペニスの大きな男性でもなければ、アクロバティックな体位に挑む男性でも、激しいピストン運動のできる男性でもありません。愛のあるセックスをしてくれる男性です。

もしも女性が肉体的な快楽だけを望むのであれば、バイブもあれば、ローターもあります。現代は女性がひとりで性具を買える時代なのです。

そんな時代だからこそ、女性がセックスに求めるのは「愛」だということを、どうか忘れないでください。

前戯で夢中にさせ、後戯で虜《とりこ》にする

女性は、好きだという気持ちが高まれば自然に全身が性感帯になる。そういう生き物です。

好きだという気持ちを高めるためには、裸になる前に、髪をなでたり、顔を両手ではさんだり、キスをしたりする時間が必要。特にキスはセックスよりも女性を官能的な気分にすると心得て、決しておざりにしないことが大切です。

ついばむような軽いキスに始まり、目と目で見つめ合ってからする長いキス、そして舌をからませるディープキス。「好きだよ」とささやきながら首筋に唇をはわせ、さらに激しいディープキス。ここまでをワンセットにして3回くりかえしましょう。

二度目はバストやウエストに触れながら、三度目はスカートの中に手を伸ばしながらとバリエーション豊かにたわむれることで、少しずつ女性を官能の世界へと誘うのです。ここまでで30分はかけます。

ゆっくりと服を脱がせ、下着は着けたままの状態でベッドへ導いたら、さらにデリケートな部分を愛撫していきます。

重要なのは、女性によって、そして同じ女性でもその日によって、敏感に感じる場所は変わるということです。そこで最初は全身をくまなく愛撫していきます。

首筋から耳の後ろ、鎖骨、脇の下。そこからおヘソの周辺へ下り、太ももの内側、膝、ふくらはぎ、足先まで、女性の反応を見ながら唇をはわせていく。前だけでなく、背中から腰、ヒップまわり、太ももの後ろ側も愛撫していきましょう。

このときのポイントは、あくまでもソフトにフェザータッチを心がけること、そして、まだ乳首や女性器には触れずにいることです。

全身の愛撫をするのにも、また30分は要します。

ここまで来ると女性はもう心も体もじゅうぶんに温まっていますが、さらに乳首や女性器をていねいに愛撫していくことで興奮を増し、心の鎧《よろい》を脱ぎ捨てて大胆になるのです。

この状態にまで誘えば、女性は性器に軽く息を吹きかけられただけでイッてしまうことでしょう。セックスに硬くて長くて太いペニスなど必要ありません。

そして、「もう一度抱かれたい」という気持ちを女性に抱《いだ》かせるためには、後戯にたっぷり時間をかけることがとても大切です。

男性は射精すると、まるで憑《つ》き物が落ちたようにテンションが下がりますが、女性は違います。男性が射精し、ペニスを抜いた後も女性は官能の余韻にひたっているのです。

ですから背中を向けてタバコを吸いはじめたり、さっさと自分だけベッドを抜けてシャワーを浴びに行ったり、テレビをつけて見入ったりするのは最低。

といって前戯のように丹念に愛撫してほしいと望んでいるわけではありません。傍らに寄り添い、髪をなでたり、抱きしめたりするだけでよいのです。向き合って談笑を交わすのもよいでしょう。

後戯がいかに重要であるかを熟知している男性は少ないので、実践すれば、女性にとって忘れられない男になれること請け合いです。

第2章　モテるセックスの秘儀〝房中術〟――心得編

AVを教科書にしていませんか？

1章では、デートの誘い方からベッドへ誘うまで、そして女性の求めるセックスについて解説しました。その中で私がもっともお伝えしたかったのは、女心を知ることの大切さです。

意中の人と向き合うときに、女性の立場に立って想像すれば、あるいは女性の心理を理解していれば、どんな言葉を発し、どんな行動を取るべきかが自然にわかるはず。女性の求めるデートが成立すれば次のデートへとつながり、女性の望む流れをつくることによってセックスへ誘うことができます。

さらに、女性の気持ちに添ったセックスを心がけることによって、関係を深めていくことができるのです。

それはどんなにすばらしいことでしょう。

といって、女性に媚《こ》びなければいけないと言っているのではありません。大切なのはコミュニケーション力を養うこと。

相手の気持ちを察し、思いやりやサービス精神を持って他者と接することがコミュニケーションの基本です。

女性とうまくつきあえない男性は、自分本位であることがほとんど。セックスで女性を虜《とりこ》にできない男性も、問題はペニスの大きさやテクニックではなく、その原因は自分勝手な思い込みにあるのです。

たとえば女性のセックスにおける大きな不満のひとつとして、性交痛の問題があります。

多くの男性が、挿入後、パンパンと音がするほど激しく腰を動かすことで女性は感じると信じ込んでいますが、それはAVだけを性の教科書にしているからでしょう。でも考えてもみてください。AVの中に出てくるセックスは、人に見せることを前提としたエンターテイメントです。

AVを制作する側の目的は、見ている人の興奮をあおることにあります。ところが規定で性器にはモザイクをかけなくてはいけません。となると、地味な動きでは何をしているかが伝わらない。そこで派手なアクションが必要なのであって、実際には激しいピストン運動やアクロバティックな体位で女性が感じるなどということは、あり得ないのです。

〝顔面シャワー〟にしても、射精の瞬間と女性のイク顔を同時に撮るにはこれしかないだろうという制作側の事情で生まれたものです。女性にしてみれば、お化粧は崩れるし、精子が目に入れば痛いし、いいことなんかひとつもありません。口の中に射精することにいたっては言語道断。征服欲だとしたら、それこそ男性本位です。そもそも、あなたは自分の精液を飲めますか？　自分が嫌なことを人に押しつけるのはいかがなものかと思うのですが。

「顔に出していい？」「口の中に出していい？」などと訊くのは「僕は本当のセックスを知りません」と言っているようなもの。私なら「嫌です」とハッキリ言いますが、心優しい女性は仕方なく承諾しながら、その実、「この人、ＡＶの観すぎじゃない？」と心の中で失笑しているのです。

セックスは本来、地味なもの。女性は感じると大きな声であえぐと思い込んでいる男性も多いようですが、あれだって実際には、感じていればいるほど寡黙《かもく》になります。つまり、よくあえぐ女性はサービス精神旺盛なのです。あるいは女性もＡＶに感化され、あえぐものだと刷り込まれているケースもあると思います。

いずれにしても、華やかなあえぎ声を出す女性は、客観的に自分を見る余裕があるということ。もちろん個人差はありますが、女性が本当に快楽に溺《おぼ》れていたら声を出すのも忘れてしまうのです。

こうした女性の本音が広く認識されていないのは、本当は感じていないのに感じているフリをしてしまう女性にも責任があると思います。

でも、ダメ出しをできないのも女心。言えば男性を傷つけてしまうという優しさや自分は嫌われてしまうかもしれないという弱さの表れなのですから。

それに、思わず「痛い！」と叫んでしまったという場合でも、男性は「俺のペニスが大きくて痛いんだ」ととらえる能天気ぶりです。

女性が「痛い」というのはよほどのことと考えなくてはいけません。ガマンにガマンを重ねたあげく、外陰部の表面に傷を負って出血したり、内臓に圧迫がかかって子宮が損傷してしまうこともあるのですから。そのような状態で快楽を得ることができると思いますか？

まずはＡＶで覚えた知識をすべて手放しましょう。「セックスとはかくあるべき」「女というのはこういうもの」という刷り込みも削除してください。

女性が１００人いたら、１００人とも感性が違います。それは男性も同じですよね。つまり、あなたと彼女の関係は唯一無二なもの。じっくりと向き合う中で互いを探り合い、あなたと彼女なりのセックスをみつけていく。性の相性はそうやってつくり上げていくものなのです。

「セックスの相性が悪い」とみなされたらアウト

ラブラブな蜜月期で、ときどきセックスに満足できないこともあるという程度なら、それが別れの原因になることはないでしょう。親密な関係ならば言葉を選びながら本音を伝え合うこともできるかもしれません。

でも、女性がその男性と初めてセックスして、はっきりと「この人のセックスはデリカシーに欠けている」と不満を感じた場合には、別れを切り出されてしまいます。それも多くの場合、何が本当の原因なのか、一言も告げずに。

デリカシーのないセックスをする男性は、「彼とは致命的にセックスの相性が悪い」と、あっさりとかたづけられてしまうのです。

クーリングオフといって、通販には一定の期間内なら気に入らない商品を返品してもよいという規定がありますが、現代では、とりあえずセックスしてみて相性が合わなければクーリングオフすると決めている女性も少なくない時代。

もちろんセックスが男女関係のすべてというわけではありませんが、心と体は連動しています。一度目の新鮮なセックスが最高潮で、回を重ねるごとに女性に対するテンションが下がっていく男性に比べ、回を重ねるごとに情愛を深めていく女性は、男性以上に性の相性を重要視しているといえるのです。


セックスの相性が悪いことを理由に去っていく女性のことを悔しまぎれに「尻軽女」だとか「淫乱女」だなどと罵《ののし》る男性が目立ちますが、それは逆恨みというもの。

そもそも愛があれば乗り越えられるなどというのは子供の戯言《たわごと》、あるいはきれいごとだと思います。

大人の女性は、「愛があるからセックスの相性がよくなる」のではなく、「セックスの相性がいいから（＝相手に歩み寄る姿勢があるから）愛が深まる」のだということを知っているのです。


先日、私はセックスレスの問題を抱える友人夫婦の仲裁を頼まれました。

日本ではセックスレスが問題になっていますが、フランスではセックスレスのカップルはいないと言われます。それは男女ともに、セックスしなくなったらいっしょにいる意味がないと考えているから。フランス人にとってはセックス＝愛なのです。

いっぽう、ご承知のとおり日本では、セックスレスのまま夫婦関係を続けるケースが多いです。精神的なつながりを重んじてというのであればいいのですが、経済的な事情や世間体を重んじてガマンしているというケースが大半を占めています。

友人夫婦両者の意見を聞いてみると、夫は妻に母親役を求め、「妻は家族。家族とはセックスできませんよ」などとお茶をにごします。それに対して、いつまでも女でいたいと考えている妻は「私は家政婦じゃない！　いや、お給金をもらえないのだから家政婦以下の扱いだわ」と訴えるのです。

夫は具体的な不満として、妻の機嫌が慢性的に悪いことを指摘しましたが、私はそのとき、妻である女性が放った「セックスで満足させてくれさえすれば、どんなことでも許せるのよ」という言葉が忘れられません。それは真理だと思います。

好きで肉体関係を結び、一時は性の相性の悪さに目をつむってやりすごしたとしても、やがて時がたてばごまかしようのないほど大きな不満となる。そうなったら、ほんの少しの価値観の違いも許せなくなる。生理的に受けつけなくなる。つまり、遅かれ早かれ破局が訪れることを女性は本能的に知っているのです。

だからこそ、その女性との最初のセックスがとても大切。

女性の求めるセックスを実践すれば「もう一回抱かれたい」「また抱かれたくなってしまった」「もう離れられない」と女性を虜にすることができるでしょう。

第1章では女性の体を車のエンジンにたとえ、温まらないうちに発進すると故障してしまうとお伝えしましたが、そのエンジンを動かすためのキーを握っているのは男性です。女性を満足させるセックスの主導権は、男性が持っているのです。

大事な愛車を大切に扱うように、女性も大切に扱い、じっくりと時間をかけて快楽へと導くことが男性の使命。そのことを心に刻んでいただきたいと思います。

セックスの達人が実践している秘伝「房中術」

　私が体験した1000人を超える男性の中で、十指に入るセックスの達人として印象に残っている男性の話をしましょう。

　何度かデートを重ね、ベッドをともにすることになったJさんは、当時40代とすでに若いとは言えない男性でした。そのことから、正直言って私はJさんとのセックスに大きな期待はしていなかったのです。

　ところが翌日、私はJさんのことを女友達に「すごい人に出会った。彼とのセックスは最高！」と興奮気味に報告してしまいました。なにしろ一度のセックスで5回もイッてしまったのですから。当時はまだ、セックスで必ずイクのは男性だけで、自分はイケるとは限らない。イケたらラッキーくらいに考えていた私にとって、Jさんとのセックスは画期的だったのです。

　どうしてあんなに感じたのだろうと分析してみたところ、前戯がていねいだったからだと思い当たりました。私は挿入するまでのあいだに4回イッてしまい、セックスそのもので5回目のオルガズムに達していたのです。

でもひとつだけ、気になることがありました。それはJさんが射精をしなかったこと。萎《な》えてしまったのかなと思ったのですが、Jさんのペニスは最後まで勃起したままでした。男性の射精でセックスはフィニッシュを迎える、と考えていた当時の私にとっては、なんだか中途半端な気がしたのを覚えています。なによりも自分ばかり感じさせてもらって悪いという思いがありました。

そこで手で射精に誘おうと考えたのですが、Jさんは優しく「いいんだ」と制するのです。本人がしなくていいというのですから引き下がるしかありません。

結局、その日は、そのまま帰ることになりました。

私にとってすばらしいセックスだったので、次の誘いにも応じたのですが、やはり私だけが何度もイッてJさんは射精しない。

3回目は私のほうからJさんを誘う勢いでしたが、「君から誘ってくれるなんてうれしいな」と言ってくれたものの、やはりJさんは射精しなかったのです。

さすがに私は不安になってきました。もしかしたら私のせいなのではないかと思ったからです。そこで単刀直入に「どうして射精しないの？」と尋ねてみました。するとJさんは、「君のせいなんかじゃない。イキそうになるのをグッとこらえて射精しないようにコントロールしているんだよ」と言うではありませんか！

Jさんは、「そのほうが気持ちがいいから」というだけで多くは語ってくれませんでしたが、「君が感じると、それだけで僕は元気をもらえるんだ」とご満悦でした。安堵《あんど》はしたものの、私としては、そういう奇特な男性もいるんだなと思うばかりで、実のところピンと来ていなかったのです。

もうひとり、あれはJさんと交際していた時期から10年ほど経過したころだったでしょうか。今ふりかえってみると、私が体験した１０００人を超える男性の中で一、二を争うセックスの達人だといえるSさんが、あるとき私にこう言いました。

「僕はエッチ好きなんじゃなくて、女好きなんだ。だからセックスを探究するのではなくて、君のことが知りたいんだよ。射精するより、君をイカせてあげたいんだ」

どこかで聞いたことのあるセリフだな、とは思ったのですが、そのときも私は「へぇ～」っと思うだけで聞き流してしまいました。

JさんとSさんのことを同時に思い出したのは、私が初めて「房中術」というものに出会ったときです。房中術についてはこれからじっくりとお話していきますが、このセックスの達人ふたりが行っていた女性本位に徹したセックスは、「接して漏らさず」を信条とし、互いの足りない「気」を補い合うという発想で生まれた房中術に通じています。

JさんやSさんが房中術という名称を知っていたかどうかは定かではありません。でも彼らが房中術を実践していたことは確かなこと。

そのことから私は、房中術をマスターすれば、どんな男性でも女性の求める究極的なセックスを自在に操れるようになると断言することができるのです。

房中術マスター・K先生との出逢い

私はK先生という方との出逢いによって、房中術の存在を知りました。

出会う以前からK先生は私の本を読み、「これまでにない、本当にためになるセックス論を説《と》いている女性がいる」と思ってくださっていたとのこと。

さらに、私がセミナーでどんな話をしていて、受講者にはどういう年齢のどんな悩みを抱えた男性が来ているのだろうと強い関心を抱いた先生は、ある日のセミナーに参加しておられました。セミナー終了後にお話ししているうちに、「実は僕は……」と切り出されたのが、房中術の話だったのです。

先にお話ししたように、そのときの房中術の話から、過去に遭遇したセックスの達人JさんとSさんのことを思い出した私は興味津々。「もっとくわしく教えてください」と懇願し、以来、K先生のことを房中術の師匠と仰いでいます。

ではK先生がどうして房中術を学んだのかといえば、実はそれは「早漏」というコンプレックスを抱いていたからだといいます。

今でこそ、人に性愛の秘儀である房中術を説いているK先生ですが、房中術を学ぶ前は、女性と密室に入ったとたんに射精してしまったり、女性の裸を見ただけで射精してしてしまったりと失敗続き。それが原因で女性が離れていってしまうこともあったそうです。

そこで、なんとか早漏を克服する方法はないものかと、病院へ行ったり、人に相談するなどしていたところ、気功をやっているという人から「射精するタイミングを気の力でコントロールすることができる」という情報を得ました。それこそが「房中術」だったのだと、先生は当時をふりかえります。

ちなみに早漏と対極にある悩みに遅漏がありますが、早漏も遅漏も射精するタイミングをコントロールできないという点においてはいっしょです。つまり、房中術をマスターすれば遅漏も克服できるというわけです。

さて、気の力を使って早漏を改善できると知ったK先生は、優れた気功師がいると聞けば、どこへでも飛んで行きました。本業が海外へ行く機会の多い仕事だったこともあり、ロサンゼルス、台湾、香港、北京などで現地の老師たちに教えを乞い、文献で調べるなどして、自分なりに房中術を解釈していったのです。

Ｋ先生が房中術を会得するまでにかかった費用は２０００万円を超えるというのですから、並の根性ではありません。それだけ切実な悩みだったということでしょう。

私も房中術に関する資料を取り寄せ、独学で習得しようとしましたが、すぐに挫折してしまいました。漢字の専門用語だらけで、本を開いただけでクラクラしてしまうほど難解なのです。

いっぽう、Ｋ先生はわかりやすく解説してくださるので、それは本当にありがたいことでした。

房中術こそが、私の説いてきた「女性の求めるセックス」「もう一回とおねだりされるセックス」「『あなたから離れられない』と言わせるセックス」だと確信した私は、「アカデミーで房中術セミナーをやっていただけないでしょうか」とＫ先生にお願いしました。しかし、Ｋ先生はマンツーマンで教えることしかしておられなかったので、最初は断られてしまいました。

その個人レッスン受講料は、なんと200万円！　それでも受講者が予約待ちの状態だと聞いて私は耳を疑いました。

けれど、セックスにコンプレックスを抱えていた知人にその話をしたところ、「僕も受講したい！」と言い出したので、さらにビックリ。セックスのコンプレックスを解消できるなら200万円払っても惜しくないという彼の言葉に、あらためて男性の抱える性の悩みの深さを痛感した次第です。


私がK先生を紹介したことで、めでたく房中術の個人授業を受けたこの男性に、成果のほどを尋ねてみました。すると、

「房中術は深い。なによりも元気になった。アソコが見違えるほどツヤツヤになってハリも出た。ギンギンだからね、バイアグラは処分したよ」

と一気にまくしてたあと、

「でも、セックスのことしか考えていなかった自分が恥ずかしくなったね。結局のところ房中術っていうのは、コミュニケーション術なんだ。これまで僕は女性の気持ち

というのを考えたことなんかなかった。男としてという以前に、人として未熟だったなと反省したよ」

と語ったのです。

「それよ、それ！　私が世の男性に伝えたいのは、まさにコミュニケーションの延長線上にあるセックスなのよ！　それさえ学べば、どんな男性でも女性の望むセックスができるのだもの！」

感動した私は、ふたたびK先生にアカデミーでの房中術セミナーをお願いしてみました。

私の熱意が通じたのでしょう。先生は「一度だけなら」ということで承諾してくださったのです。

房中術セミナー受講者たちの、驚きと喜びの声

２０１１年の１月に行われた房中術セミナーは、30万円という高額な受講料でしたが、たちまち満員御礼となりました。そして受講後、たくさんの喜びのメールが私のもとへ寄せられたのです。

どのようなメールが届いたのか、その一部をご紹介しましょう。

●千葉県在住　31歳の男性

セミナーを受けた翌日、妻とのセックスに房中術を取り入れてみました。

それまで私は前戯も適当にすませ、挿入してから射精まで3分というインスタントセックスを行っていたのですが、あるとき、妻から「私はまだイッていない」と文句を言われ落ち込んでいました。早漏だと指摘されたのも同然だったからです。それ以

来、なんとなく関係がぎくしゃくしてしまい、このままではセックスレスになってしまう、そうなれば妻が浮気をしてしまうかもしれないと悩むようになりました。そんな矢先に、まりこ先生のブログで房中術セミナーのことを知って受講したのです。

房中術を実践してみたら、なんと挿入してから射精するまでの時間が30分になったのです。妻とこれほどまでに長く抱き合っていたのは初めてでしたが、「気」の交換をするという言葉の意味を実感できました。射精を目的とせず、妻を感じさせることを優先して向き合っていると、自分が優しくなっていくのを感じ、余裕ができたせいか妻の反応にも敏感に気づくことができたのです。

なによりも妻から「見直しちゃった」と言われたことがうれしかった。房中術の即効性に驚くばかりです。

●群馬県在住　36歳の男性

先日、セミナーで習った房中術を彼女とのセックスで試してみました。実は彼女とセックスするのは初めてだったのですが、彼女から「どうして女性の気持ちがそんなにわかるの？」「あなたといるととっても落ち着く」「あなたって優しいのね」と、次々によい反応があり、自信がつきました。ありがとうございました！

●兵庫県在住　43歳の男性

房中術セミナーでは、女性に対する心構えや「気」の持ち方が大変勉強になりました。さっそく交際中の彼女を相手に実践してみたところ、彼女からすごい反応が返ってきました！　以下は彼女が送ってくれたメールからの引用です。

〈これまでした、どんなセックスより一番気持ちよかった。すごく満たされました。安心できました。ずっとシテいたかったです。

子宮にエネルギーが溜《た》まる感じ。といってもあなたにはわからないかもしれないけれど、これはかつて経験したことのない感覚で、すごく高いところで感じ続け、イケばイクほど活力がみなぎるような感じ。二人が一体化して、私からあなたへエネルギーを送り、あなたが私にエネルギーを与えてくれているのを実感して幸せでした。

二人のあいだのエネルギーがどんどん大きくなっていくほどに体がビクビクしてきて……。こんな経験は初めて。女に生まれて本当によかったし、あなたと出会えて最高に幸せです！〉

また別の男性は、女性とセックスの関係には至っていないので紹介しませんでしたが、職場の女性の首の後ろに手をかざして「気」を送ったら、翌日、「昨日はすごくよく眠れた。朝起きたら首のコリも軽減していたので驚いた」と言われ、そのことがきっかけとなっていっしょに食事をする約束をしたとのことでした。

肩こりや腰痛に悩む女性は、痛みが軽減するという情報に目がありません。普通なら絶対に触れさせてくれないような首の後ろや腰まわりも、「楽になるからやってあげるよ」と声をかければ「やってやって！」と乗ってくることでしょう。

その場合、人陰に隠れてコソコソするのではなく、人前で堂々と行うことが大事。オープンであるとはいえ心の距離は確実に縮まります。そこからデートにこぎつけたら、時期を見計らって房中術の話をするのです。

「気」に関心のある女性なら、きっと房中術に関心を示しますので、「試してみない？」とベッドに誘う。気功でセックスの貴公子になるのも夢ではないと思います。

房中術の10大効能

K先生によれば、房中術を行うことで期待できる効果は以下の通り。

①あなたと一度でもセックスした女性は、その後あなたとしたくてたまらなくなる。
②チビであっても、ハゲであっても、モテるようになる。
③中年だろうが、老年だろうが、年齢に対するコンプレックスが消える。
④遅漏や早漏が改善できる。
⑤女性を惹《ひ》きつけ、気軽に仲良くなることができるようになる。
⑥セックスに絶大な自信を持てるようになり、かつ女性にモテるようになることでプライベートにおいても仕事においても活力が出てくる。
⑦スタミナがついてくる。免疫力が向上し、健康になる。
⑧あなたが今まで感じてきた低レベルの快感ではなく、もっと高いレベルの快感を得

られるようになる。
⑨女性が悦《よろこ》んでいる様を見て、その声を聞いて、なによりもあなたが幸福を得ることになる。
⑩セックスが愉《たの》しくなり、生きていること自体が楽しくなる。

知れば知るほど房中術はすばらしい。そう思った私は、もう一度、房中術セミナーを開いてもらえないでしょうかと打診しましたが、K先生の「一度だけ」という意思が変わることはありませんでした。

東日本大震災が発生したのは、それからまもなくのこと。津波による甚大《じんだい》な被害、さらに原子力発電所の事故による放射能汚染の問題を抱え、夢であってくれたらよかったのにと誰もが暗い気持ちになりました。

しかしその時期、人々の価値観が変わったのも、また事実でした。

たとえば、震災後、婚約指輪が売れているという報道がありました。これは、それまでダラダラと決断を先のばしにしていたカップルが、大震災を機に決断したことを意味しています。

日本はどうなるかわからないと思ったときに、やり残すことのないように生きたいと考えたのは、若い世代の人たちだけではありません。K先生もそのひとり。大震災後まもなく、K先生から「また房中術のセミナーをやりましょう」とご提案をいただきました。

私はとても驚きましたが、そのときの先生の話には強い説得力がありました。先生は「自分だっていつ死んでしまうかわからない。これまでは苦労して学んだ房中術を簡単に人に教えたくないと考えていたけれど、今は、せっかく学んだ知識なのだからひとりでも多くの人に房中術を広めておきたいと考えるようになった」と話してくださったのです。

また「人類の叡智《えいち》ともいえる房中術を教え、性愛のすばらしさを理解してもらうことが自分の使命なのではないかと思うようになりました」とも。

こうしてK先生のセミナーがふたたび開催される運びとなり、しかも気軽に受けてほしいという配慮から前回よりはるかに安い受講料に設定していただくことができました。そんなわけで房中術セミナーは、毎回、即日完売状態です。

でも安心してください。この本の中でじっくりと解説していきますので。

房中術は奥が深く、セミナーも初級編・中級編・上級編に分かれていますが、今回ご紹介するのは初級編。セミナーの内容を忠実に再現していますので、基礎知識についてはじゅうぶんにご理解いただけるのではないかと思います。

それではさっそくレッスンを始めていきましょう！

古代中国に由来するセックス健康法

房中術とは、中国古来の養生術《ようじょうじゅつ》（医療指南）の一種。出土された文献から、紀元前700年ごろにはすでに存在していたと推測されています。

後に一般にも広く知れ渡りましたが、房中術は、もともとは中国の皇帝に向けて書かれた道教の養生術の一部でした。

「房」とは中国語で「寝室」のこと。つまり房中術は、「性愛に間違いがあれば病気になり、長寿はまっとうできない」という視点で考案された、男女和合の道なのです。

道教は、日本でいう神道にあたる中国古来の信仰。中国にインドから仏教が伝わると仙人を目指す人々が現れ、不老不死を求めて鍼灸《しんきゅう》や按摩《あんま》、気功の研究が盛んになっていきました。

日本で平安時代中期に作られた『医心方《いしんぼう》』という書物は、日本最古の臨床医学書ですが、この源流となっているのは道教養生術でした。全10冊、30巻からなる『医心方』には、今で言う内科、外科、産婦人科、小児科、鍼灸、生薬学、一般養生学、食養生論などが収録されており、その第28巻が「房内」(房中術)だったのです。

ところが明治時代末期に『医心方』が「日本医学叢書《そうしょ》」に収められたとき、この28巻は削除されています。日本で房中術があまり知られていないのは、封印されていた時代があったためなのではないかという説もあるようです。

その上、日本は男尊女卑の時代を迎え、セックスは男性のためのものであるという認識が定着するなど、性のありようがねじれてしまった結果、とんだセックス後進国になってしまいました。

『医心方』を現代文へと読み下した医学博士の故・笠井寛司《かさいかんじ》氏は、房中術を日本で初めてわかりやすく紹介した人物です。笠井氏は房中術が削除されてしまったことに対して、「我が国の性愛に対する偏見を衆目に露呈したのである」と述べ、性をタブー視する日本文化の貧しさを嘆いています。

それもそのはずで、何度も言いますが、房中術は単にセックスの快楽を追求するものではなく、皇帝の不老不死を目的に生まれた健康法としてのセクソロジー（セックス学）なのですから。

男女の性生活における技法を示し、インドの『カーマ・スートラ』と肩を並べる世界二大性典のひとつととらえられている房中術ですが、その礎《いしずえ》となっているのは、テクニックではなく、セックスにおいて男女が「気」や「エネルギー」の交換を行うことです。

房中術では、挿入して射精して終わりというセックスなどあり得ません。じっくりと抱き合い、時間をかけて触れ合い、心身ともに満ち足りた状態へと持っていくことが大前提となります。

そこで房中術は「接して漏らさず」を念頭に入れて行う必要があります。つまり射精をしないのです。

ガマンできるわけがないだろうと思う人がいるかもしれませんが、呼吸法などを通じて精神統一をすることで、射精のタイミングをコントロールすることは誰にでもできるようになります。

しかも、K先生や房中術を習得した私の周囲の男性によれば、射精しないのは、射精するよりずっと気持ちがいいのだそうです。

射精しないなんて体に悪そうだと考えがちですが、射精というのは精を外に出してしまう行為。スタミナを体外に放出してしまえば疲れるのも無理はありません。「接して漏らさず」は理にかなっているのです。

ただ、房中術は誰にでもできると申し上げましたが、習得するのには時間をかけた鍛錬が必要なのも事実です。自分のものにできるのは100人のうち20〜30人だと、K先生もおっしゃっています。

房中術をマスターするのはそれだけ厳しいことだといえますが、それだけに悟りを開いた暁《あかつき》には、男女間のセックスにとどまらず、社会の中のあらゆる場面においてすばらしい効果が期待できます。忍耐力を養い、精神力をつちかうことは人間力の向上につながるのですから。

そして周囲の人達から信頼され、尊敬される男性になれば、あなたを見る女性の反応も変わってきます。人間力を磨くことこそがモテ男になるための王道なのです。

房中術のすごさはここにあります。調子のいいことを言うだけで中身のないチャラ男がモテるのとはわけが違います。

房中術は一度習得すれば、生涯を通じてあなたの武器になるモテ術であるといえるでしょう。

男性と女性は＋極《プラス》と－極《マイナス》

太極図

中国では古代から「陰陽五行説」というものが伝わっています。

これは中国の自然思想である陰陽思想と五行思想が一体化したもので、宇宙の森羅《しんら》万象《ばんしょう》によるあらゆる現象は、陰と陽の結びつきによって成り立っているという考えにもとづいています。

陰陽思想とは、天と地が混ざり合っていたこの世の始まり、世界のあらゆるものは陽と陰のふたつに分かれて誕生したと考える思想です。陰と陽は対極に位置しているようでいて、実は完全に相反するものではなく、相対的な関係にあると考えます。

このことを説明するときには、前ページに載せました、陰陽を表す「太極図」を見ていただくようにしています。

白が陽、黒が陰を表しますが、白の中にも黒、黒の中にも白があります。万物はこの「太極図」のように、環境や時間などの要因によって陽にもなれば陰にもなる。そうやって互いに行き来し合っているものだということを示しています。

たとえば、月は昼間には見えないけれど、夜には見える。かわりに夜は太陽が見えなくなる。つまり太陽と月は表裏一体であるということ。

自然界における万物が月と太陽のようにどちらかだけでは成り立たないと考える思想が陰陽五行説であり、万物の中には人間の本能であるセックスも含まれます。男性が陽で女性が陰です。女性は陰というと暗いイメージですが、ここではそのことについては深く考えず、電気の＋《プラス》と－《マイナス》と同じようにとらえていただきたいと思います。

＋だけでも、－だけでも電気は流れません。＋と－を合わせることによってのみ電気は流れます。

セックスも同じ。マスターベーションをすれば肉体的な快楽を得ることができますが、それはセックスとは根本的に違うのです。

房中術では、陽である男性と陰である女性のあいだには、「気」が合わさることでエネルギーが生まれると考えています。そして交わることをしなければ「気」が滞《とどこお》り、元気がなくなったり、時には病気になってしまうことさえあると説いています。

男性だけでも、女性だけでもセックスはできません。だからこそ互いに慈《いつくし》しみ合うことが大切なのであり、快楽を相乗効果で高めていくことによって、エネルギッシュな「気」を交換し合うことができると考えているのです。

肉体的な快楽を得ることよりも、精神的な満足に重きを置く。

これが房中術の真髄であることを、どうか忘れないでください。

ポイントは体の中心線にあり

では、この「気」とはいったいなんでしょうか?

「気」は中国で生まれた概念で、人間の体内にあるエネルギーのことを指します。

中国で数千年前に生まれたといわれる「風水」は、環境を整えることで「気」のめぐりをよくし、健康や繁栄をもたらすとされています。

また、ヨガはインドが発祥の地ですが、インドでは「気」のことを「プラーナ」と呼び、心身を健全に保つための要であると位置づけています。

このように、東洋では昔から「気」は大切なものという認識が強かったのです。

そして人の体には「気」の出入り口があり、それをチャクラといいます。

チャクラとはサンスクリット語で「車輪」を表すことからも、「気」が人間の肉体や精神の働きをコントロールする重要なエネルギーだと考えられていることがわかるというものです。

チャクラは無数にありますが、主要なものは背骨に沿って７つ。それぞれのチャクラは、体内の「気」の制御を通じて、それぞれの器官を正常に保ったり、機能を高めたりしています。

７つのチャクラは以下の通りです。

①性器と肛門のあいだにあり、腎臓、副腎、腸、骨格に働きかけ、生命力や物事に対する情熱をうながすムラダラ・チャクラ

②丹田《たんでん》と呼ばれるヘソの下約10センチのところにあり、生殖器、膀胱に働きかけ、情緒のバランスを整えるスワディシュタナ・チャクラ

③みぞおちとヘソのあいだにあり、胃、肝臓、胆のう、すい臓、消化器に働きかけ、自我を目覚めさせ、不安を取り除き、自信を引き出すマニプラ・チャクラ

④両乳首のあいだにあり、心臓、肺、循環器に働きかけ、喜怒哀楽の感情を整えるアナハタ・チャクラ

⑤のどぼとけの下にあり、喉、甲状腺、気管支に働きかけ、創造性や判断力を高める

ヴィシュダ・チャクラ

⑥眉間《みけん》のあいだにあり、目や神経系に働きかけ、敏感な感覚を呼び覚ますことから

「第三の目」と呼ばれるアジュナ・チャクラ

⑦頭頂にあり、脳の働きを盛んにしたり、直観力をとぎすますサハスララ・チャクラ

7つのチャクラ

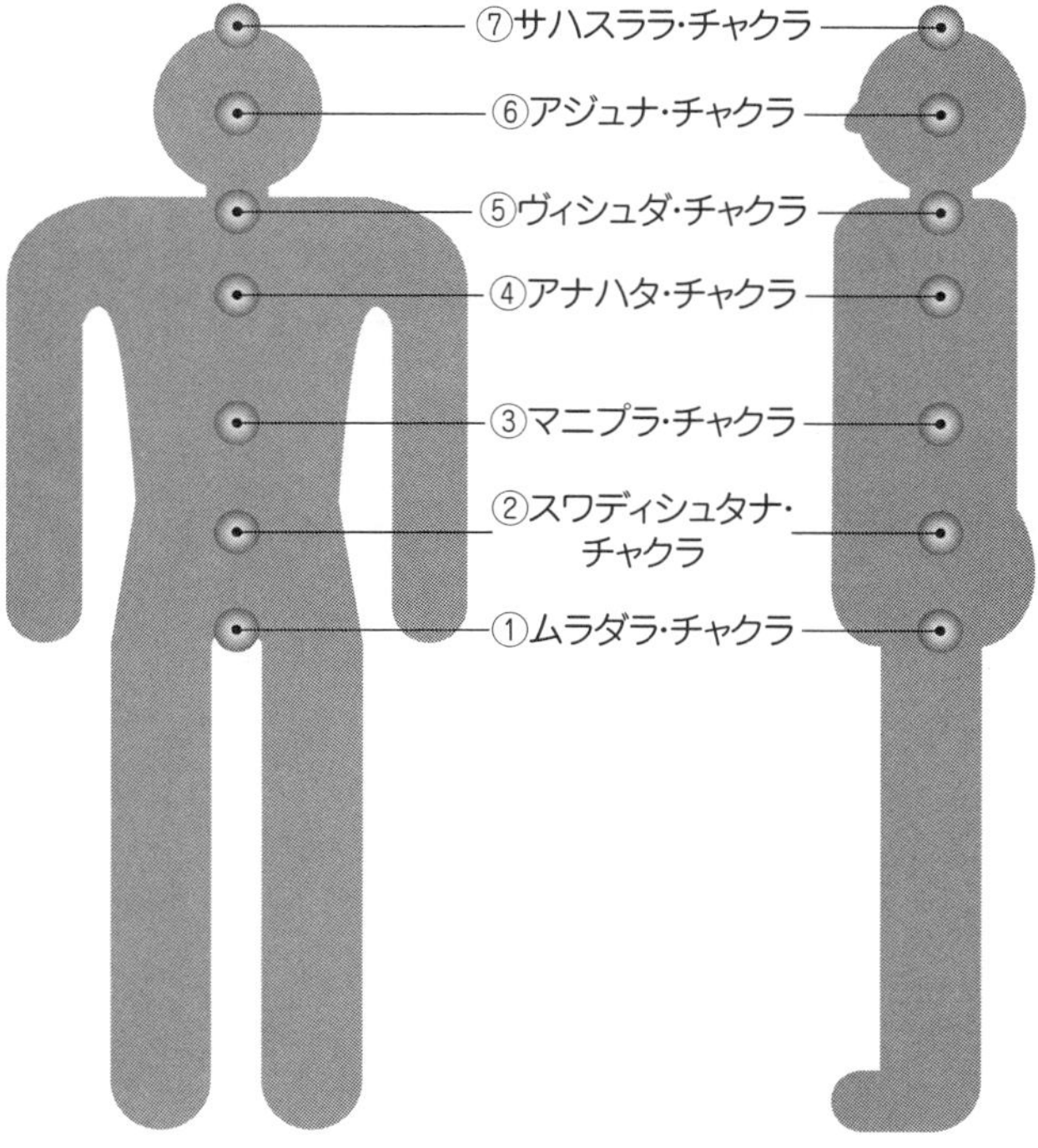
⑦サハスララ・チャクラ
⑥アジュナ・チャクラ
⑤ヴィシュダ・チャクラ
④アナハタ・チャクラ
③マニプラ・チャクラ
②スワディシュタナ・チャクラ
①ムラダラ・チャクラ

房中術のためのワーク① 「気」をコントロールしてみる

「気」は意識していない状態では体内に分散されていますが、ここ一番というときには集中させることができると考えられています。実際にやってみましょう。

たとえば「呼吸法」で「気」を下げ、冷静さを取り戻すためには、

①両足を肩幅に開いて立つ
②丹田に意識を集中させる
③ゆっくりと鼻から息を吸って、吸った息が全身をめぐるのをイメージする
④限界まで息を吸ったら、ネガティブな思いを体内から外へ出すのをイメージしながら口から細くゆっくりと息を吐ききる
⑤いったんリラックスする

これを3セット行います。

デートの前やセックスの前に行えば、気持ちを整え、自分自身を見失って暴走することなく、自分をコントロールすることができるでしょう。

気のコントロール

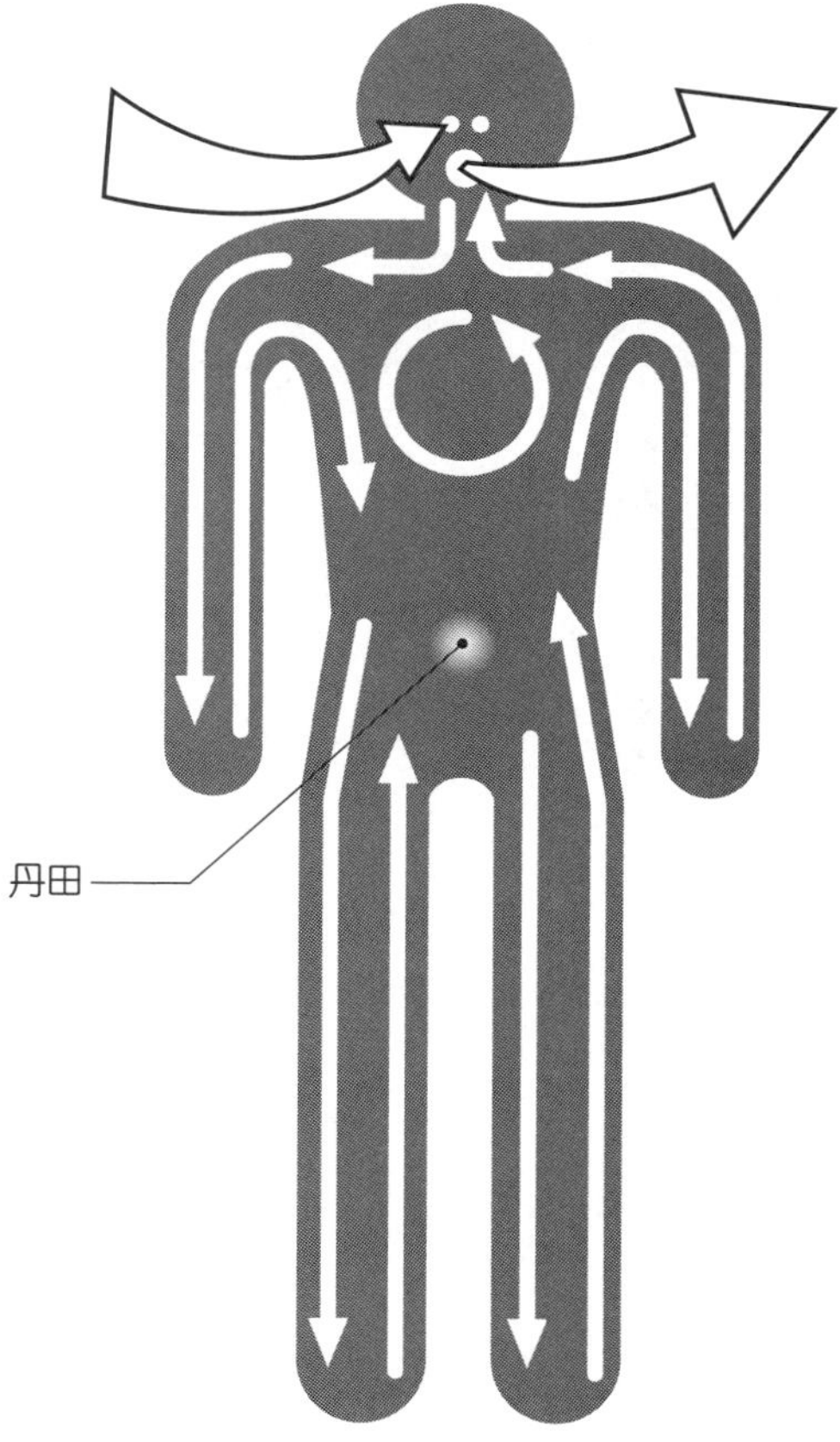

「2分間のハグ」が女性の心と体を開く

房中術では、「気」のエネルギーを互いに交換することで男女の和合が成立すると説いているのですが、ここではもう少し具体的に説明します。

互いの「気」を交換するためにすべきこと。それは互いのチャクラを合わせることです。

極端な話、握手をするだけでも「気」を交換することはできます。実は手のひらの真ん中にもまた、「老宮《ろうきゅう》」というチャクラがあるのです。とはいえ単に握手をしただけでは、相手に「気」を送ることも、相手の「気」を受け取ることもできません。「気」の交換をするためには互いのチャクラを開かなくてはならないからです。

チャクラを開くというのは、エネルギーの流れを促進すること。そのための方法としては、たとえば握手なら、相手に善《よ》い「気」を送ろうと意識しながら握手をすることです。

人の心を動かすためにもっとも大事なチャクラは、先にご紹介した7つのチャクラのうちの4つ目のチャクラ。この胸のところにあるチャクラをアナハタ・チャクラと呼びますが、このアナハタ・チャクラを通じて「気」のめぐりがよくなると、ドキドキしたり、ワクワクしたり、興奮を覚えたりします。

アナハタ・チャクラを相手と合わせるためにはハグをすればよいわけですが、パッと抱き合うだけではチャクラは開きません。

ハグは最低2分するのが基本です。2分のあいだにあなたの想いを相手に伝える。つまり念を送るのです。

男性はつまらないと思うかもしれませんが、男性が思っている以上に女性はハグで感じます。女性がもっとも官能的だと思う瞬間は、セックスよりもキスだといわれています。ハグはキスに誘うための助走。おざなりのキスになるか、子宮がジンジンしてしまうようなキスになるかはハグしだいなのですからハグを侮《あなど》ってはいけません。

ポイントは相手から「気」を吸い取ろうと意気ごむのではなく、ひたすら自分の「気」を相手に与えるのに徹すること。

また、強引に相手を変えようとしないことも大切です。たとえば無理やりキスを迫ったり、自分のペースで闇雲《やみくも》にことを進めようとすると、その強引さが相手に伝わり、相手のチャクラが閉じてしまいます。

7つのチャクラの説明でもおわかりいただけたように、重要なチャクラは胸にもお腹にも腰まわりにもあり、セックスのときにはさらに股間のチャクラをも合わせることになります。

複数のチャクラを重ねるのですから、それだけ大きなエネルギーを交換することが可能なわけですが、善いエネルギーを交換することができるとはかぎりません。「気」の交換は諸刃の剣であることを忘れないでください。レイプはもちろんのこと、強引な性交渉や、行きずりの相手との愛のないセックスでは、悪いエネルギーを与えたり、与えられたりしてしまいます。

ネガティブな思いでセックスをすると、相手もネガティブな思いを送ってきます。そういうセックスでは、ネガティブな「気」がふたりのあいだをグルグルと回ることになってしまうのです。そのため元気がなくなったり、疲れが取れづらくなったり、時には病気になることもあるのでご用心。

特に以下の感情は、房中術ではご法度です。

■執着心を持つ
■憎しみを抱く
■相手をコントロールしようとする
■イカせてやろうと意地になる

房中術を習得すれば、コントロールしようとする以前に相手があなたの気持ちに添ってきます。あせらずにきちんとマスターしていきましょう。

房中術のためのワーク②　手のひらのチャクラを開いて「気」を感じてみる

①両手のひらをながめながら、それぞれの真ん中に「老宮」というチャクラがあることを意識する。

②右手のひらと左の手のひらでおにぎりを握るようにして「気」の球を作る。

③両手のひらの中にできた球に弾力をつけるイメージで、軽く振ったり、フワフワと握り続ける。

④「気」の球を女性に見立て、「出会えてよかった」「セックスする機会を与えてくれてありがとう」と感謝の念を入れながら、さらに③を続ける。

⑤「老宮」を中心に両手のひらが温かくなるのを感じたら、「気」の球を胸の中に収め、体全体に「気」が回るのをイメージする。

女性は比較的「気」に敏感ですが、男性の中には「気」に対して鈍感な人が少なくありません。何度もくりかえし、イメージトレーニングをしましょう。

セックスに偏見を持っていませんか？

あなたはセックスに偏見を持っていませんか？

なぜこんなことを尋ねるのかというと、セックスが好きだという人の中にも、セックスに対して罪悪感を抱いていたり、恥ずかしいことだと思っている人がかなり多いからです。

こうした性に対する個人的な概念は、育った過程によって備わるものなのではないかと思います。

私の知り合いの男性は両親がともに教育者で、話し方から食事のマナー、時間の使い方にいたるまで、それはそれは厳しく育てられたそうです。そこまでの話を聞いたかぎりでは「いい家庭環境に育ったのね」と思うばかりなのですが、本人は「どうだかねぇ」と顔をゆがめました。厳格すぎる両親に育てられたせいでセックスを自由に愉しめない癖《くせ》がついてしまったというのです。

思春期になればセックスに関心を抱くのは当然のことです。誰に教えられなくてもマスターベーションを覚え、エッチな雑誌やＤＶＤに刺激を求めるのも自然なことでしょう。けれど彼の家では性の話題はいっさいタブーで、エロ本はもとより水着姿のグラビア雑誌でさえ、とがめられたとのこと。

その上、マスターベーションをすると頭が悪くなると刷り込まれ、セックスのことを夢想するのは変質者だと言われ続けた彼は、性のことを考えるたびに大きな罪悪感を抱くようになってしまったのです。

やがて友達との話を通じて、誰もがセックスに興味を抱いていることを知ってホッとしたそうですが、三つ子の魂百まで。40代になった今でもセックスをオープンに語ることができず、性に積極的な女性を目の前にするとドン引きしてしまうのだと打ち明けてくれました。

実はこうした男性は珍しくありません。そのせいか、男性のセックス観というのは矛盾していることがとても多いのです。

たとえば、セックスにおいて反応の悪い女性では物足りないと言いながら、感度のいい女性のことを淫乱だと蔑《さげす》んだり、エッチな女性が大好きなんだと言いながら、結婚する相手には性に奔放《ほんぽう》な女性を選ばなかったり。

中には、セックスは家には持ち込まないなどと堂々と公言する人もいます。奥さんには家庭を守ってくれる人を求め、セックスは性に奔放な愛人と愉しむというのが理想的だというわけですが、女性に役割分担を与えているうちは本当のセックスはできません。

どんな女性も多面性を秘めています。淑女であり、娼婦でもあるというのが女性の素敵なところなのです。ひとりの女性とともに笑い、ともに泣き、そしてともに性愛をはぐくむ。

ぜひとも、そうした人間味のある関係性を築くことのできる男性を目指していただきたいと思います。

房中術を実践する前に心得ておくべき「3つの心」

ここで、房中術を実践する前に心得ておくべき「3つの心」をご紹介しましょう。

1．感謝の心

女性と向き合うときには、感謝の気持ちを持つことが大切です。

「あなたと出会えてよかった」「今日は本当にうれしい」「いっしょに来てくれてありがとう」「触れさせてくれてありがとう」「キスしてくれてありがとう」「セックスしてくれてありがとう」……。

心の中で唱えるだけではなく、声に出して伝えたほうがいいし、相手の目を見て伝えることができれば最高です。

「ありがとう」は、相手のチャクラを開く魔法の言葉。感謝の気持ちが伝われば、女性の心も開きます。

互いが「気」の交換をする房中術では、相手にも感謝の気持ちを抱かせる必要があるのですが、コミュニケーションはブーメラン。人に対して親切にすれば、相手からも親切な心づかいが戻ってきます。「ありがとう」と感謝されたいと思うのなら、先に「ありがとう」と伝えればよいのです。

この段階でリードできない男性は、セックスの場面でも女性を包み込むことができません。そのいっぽうで女性は、先に感謝の気持ちを伝えた男性に対して素直に主導権を譲ります。ここは大事なところですので決して忘れないようにしてください。

2. 理解する心

女性と向き合うときには、相手を理解することが大切です。

女性にはいろいろなタイプがあります。恥ずかしがり屋な人もいれば、大胆な人もいるのです。

話せばわかると思ったら大間違い。普段から活発で、お酒の席では下ネタを連発しているような女性が、実はウブだったということはいくらでもあります。逆に普段は口数も少なく控えめな印象の女性が、密室に入ったとたんに妖艶《ようえん》さを発揮することも珍しくありません。どんなギャップがあろうと、目の前にいる女性をそのまま受け入れましょう。

また女性の中には、過去のトラウマを引きずっている人もいます。ホテルにはついてきたものの、身を寄せたとたんに「ごめんなさい！　やっぱり……」なんていうのもよくあること。だったらどうしてついてきたんだよ、と言いたくなる気持ちもわかりますが、その場合にもイライラしたり、極端に落胆したりせず、「どうしたの？」と女性の事情に耳を傾けることをお勧めします。その日は見送りになるケースもあるかもしれませんが、話してしまうことで女性がトラウマを乗り越え、その結果、あなたの胸に飛び込んでくることも大いに期待できます。

女性が抱えるコンプレックスも静かに受け止める必要があるでしょう。ソノ時に「電気を消してほしい」と懇願する女性は、たいがい肉体的なコンプレックスを抱いているものです。あれこれ詮索《せんさく》せずに、女性の要望を受け入れてください。

裸になって向き合えば、いろいろなことに気づきます。意外とバストが小さいんだなとか、毛深いんだなとか。私の知り合いに、女性の匂いにガッカリして「今日は帰ろうか」と切り出してしまったという男性がいるのですが、男としては最低です。

男に二言はありません。多少気になる点があっても、勇気を出してついてきてくれた女性の気持ちを理解して受け入れることが大切なのです。

あなたが相手の女性を理解すれば、相手の女性もあなたに理解を示します。それこそが男女和合の第一歩。自分自身もパーフェクトではないことを忘れずに。

3. 尊敬の心

女性と向き合うためには、相手に対する尊敬の念を送ることが大切です。

これは、その女性が誰かという以前に、女性という生き物を尊敬しているかどうかという問題。普段から「女のくせにナマイキだ」などと思っていると、いざというときに言動に表れてしまいます。彼女が大きな荷物を抱えているのに無視したり、自分が先にエレベーターに乗り込んでしまったり……。

これからセックスをともにしようという女性に対して、こんな気づかいもできないのかとあきれてしまうような男性は、けっこういるものです。エスコートのできない男性は女性をガッカリさせ、房中術の妨げとなりますので、くれぐれもご注意を。

この本を読んでおられる紳士の皆様にはそんな人はいないと思いますが、「抱いてやるんだ」などと上から目線で女性を見たり、「おまえだってセックスしたいんだろう?」などと思ったりするのもNG。そういう男性の気持ちを、女性は驚くほど敏感に察知します。そうなったら房中術はおろか、触らせてもくれません。仮にセックスに応じたとしてもチャクラは閉じたまま。

けれど、あなたが謙虚な気持ちで向き合えば、女性はチャクラを最大限に開いてくれることでしょう。

自律神経を味方につけるのが房中術の秘訣

手足を動かす、目をキョロキョロさせるといったことは、自分の意思で行うことができます。これは体性神経という神経によるもの。

逆に自分の意思とは関係なく、刺激や情報に反応して体をコントロールしている神経というのもあって、これを自律神経といいます。

たとえば食べたあとに胃や腸を動かしたり、血液を流したり、ビックリしたときにドキドキしたり、心配ごとがあると冷や汗をかいたり、緊張するとトイレに行きたくなったりするといったことは、自分でコントロールできません。すべて自律神経の働きによって、自分の意思とは関係なく起こる現象なのです。

自律神経は、交感神経《こうかんしんけい》と副交感神経《ふくこうかんしんけい》という、相反する作用を持つふたつの神経で成り立っています。

交感神経は「活動の神経」と呼ばれ、スポーツをしたり、殴り合いのケンカをするときなどに活発になり、緊張やストレスを誘発します。

副交感神経は対照的な「リラックスの神経」で、休息中や睡眠中に活発になり、心を落ち着かせる役割を果たします。


ところでセックスは運動でしょうか？

たしかに「男性は1回のセックスで100メートルを全力疾走したのと同じくらいエネルギーを消耗する」などと言いますが、本当にそれほどのエネルギーと体力が必要なら、セックスは若い人の特権ということになってしまいます。

でも房中術をマスターすれば、生涯現役で女性を悦ばせながら、自分もセックスを愉しむことができるのです。

なにしろ房中術は、自律神経の働きを熟知した上で作られた秘儀なのですから。

「セックスはスポーツなのか？」という話に戻りましょう。

実はセックスはスポーツとは違い、交感神経と副交感神経の絶妙なハーモニーによって成立するのです。

男性の場合でいえば、副交感神経の働きが強くなることで勃起し、交感神経の働きが強くなることで射精します。

女性の場合にも、快感を感じ、潤《うるお》ってくる状態に持っていくのは副交感神経の仕事。そこから交感神経へと切り替わり、興奮が高まってくると交感神経のレベルが上がり、ピークを迎えてエクスタシーに達するのです。


ちなみに、副交感神経から交感神経に切り替えるタイミングが早まると早漏になり、なかなか切り替えられないと遅漏になります。

また、「勃起しなかったらどうしよう」「彼女に嫌われたらアウトだ」ということが脳裏に浮かんだとたんに萎《な》えてしまうのは、活発になった交感神経に支配されてしまうからです。

これは女性も同じで「ペチャパイだと思われているんじゃないかしら?」「マグロだと思われたくはないけれど、やりすぎると淫乱だと思われてしまうかも」などとよけいなことを考えていると、交感神経が優位になり、濡れません。つまり男性を受け入れる準備が整わないのです。

女性の副交感神経を優位にするためには、体の冷えを取り除き、優しい言葉をかけたり、不安要因を取り除いてあげることが必要。前戯というのは副交感神経を活発化させるためにするのですから、5分や10分では無理なのです。

ところが男性はいち早く挿入したいと考えてしまう。これは副交感神経から交感神経へ切り替わってしまうのが早いからだといえるでしょう。

つまり女性が悦ぶセックスができるかどうかは、あなたも女性も、副交感神経が優位になった状態をどれほど長く保つことができるかにかかっているのです。

くりかえしになりますが、房中術では射精を目的としません。

副交感神経に支配されながら女性を存分に悦ばせることができるセックス。それが房中術なのです。

交感神経と副交感神経

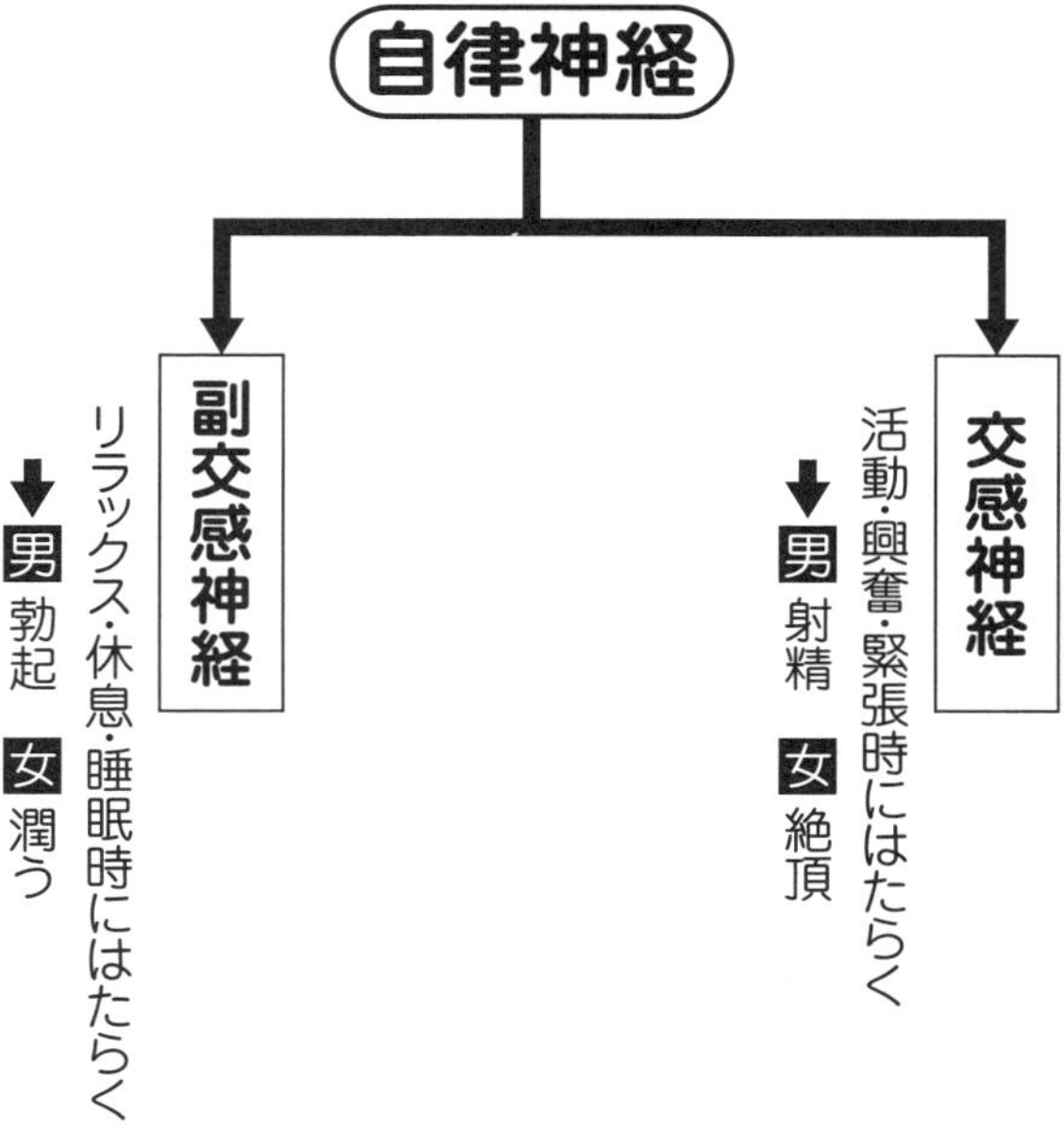

○副交感神経から交感神経への切り替えがうまくいかない
→早漏・遅漏

○不安・ストレス・コンプレックスで緊張、集中できない
→中折れ・不感

房中術のためのワーク③「ゆる体操」で体をほぐす

房中術においては、リラックスすることがとても重要です。ところが体が硬いとリラックスすることができません。そこでオススメするのが、運動科学総合研究所が推奨する「ゆる体操」です。

道具を使わず、体ひとつでどこでも手軽にできる「ゆる体操」は、短時間行うだけで血行をうながし、体を温め、コリをほぐす効果があります。その結果、精神的にも肉体的にもリラックスすることができるのです。

体をゆるめながら揺らす「ゆる体操」は副交感神経を活発にし、新陳代謝を高めます。K先生も日課にしておられるとのこと。ぜひ、試してみてください！

運動科学総合研究所　http://www.undoukagakusouken.co.jp/

NPO法人「日本ゆる協会」　http://yuru.net/

房中術に適した体を作るために

房中術に体力は必要ありませんが、免疫力をアップしなければ精神力を維持することができません。

ここでは、房中術を習得するために改善すべき体質や習慣についてお話します。

1．包茎を治す

房中術では射精を目的としないとお伝えしました。そうであるなら、なぜ包茎を治さなくてはいけないのか？　包茎を治すと刺激に対して敏感になってしまい、ガマンが利かなくなると思う方もおられることでしょう。

たしかに、包茎であるほうが鈍感ではいられますが、房中術を習得するためには鈍感ではダメなのです。

というのも房中術では強い刺激はご法度。触れるか触れないかのソフトなタッチで愛撫を行い、挿入するときにも激しいピストン運動などしません。そこで、小さな刺激でも反応する敏感なペニスである必要があるのです。

包茎の方はぜひ、包茎矯正の手術を受けてください。

2．タバコをやめる

セックスするしないに関わらず、タバコは体に有害です。

なんといっても体温を上げなければ快楽に結びつきづらいセックスにとって、タバコは大敵。タバコを吸うと血管が収縮し、血行が悪くなることは広く知られています。するとどういうことが起きるかというと、冷え症になったり、筋肉が収縮したりするのです。

また、タバコに含まれるニコチンは猛毒です。しかもニコチンを代謝するのは肝臓。肝臓は心臓とならんで、文字通り体の中でもっとも〝肝心〟な部位ですから、代謝することによって疲れて働きが低下したり、病んでしまってはセックスどころか生きていくことさえままならなくなってしまいます。

喫煙している人は、すぐに禁煙しましょう。

3. お酒を控える

タバコと違ってお酒に関しては、禁酒をオススメするわけではありませんので安心してください。

問題は飲む量とタイミングです。

興奮するための気つけ薬として、あるいは緊張をほぐすためにおまじない程度に少量のアルコールをたしなむのは効果的でしょう。けれども、度を超えて飲みすぎるとロクなことになりません。

酔わないと口説けないなんてことでは困りますし、第一、酔っぱらって正体を失った状態で女性を抱くなんて失礼です。

セックス直前の深酒は心臓にも負担がかかります。腹上死しないためにも、セックス前のお酒はほどほどに。

4. 冷たい飲み物を飲まない

ホテルの部屋に入って最初にするのは、冷蔵庫の中から取り出したビールでの乾杯。

そういうカップルが多いようですが、ビールにかぎらず、体を冷やす冷たい飲み物は房中術の大敵です。

温かい飲み物を飲み、室内もクーラーの効き過ぎに気をつけてください。そしてシャワーではなく、湯船にゆっくりとつかって体を温める。お風呂から上がったあとのビールもガマンです。乾杯はセックスの後でどうぞ。満ち足りたセックスのあとで飲む一杯は、格別に美味しいことでしょう。

房中術のためのワーク④　体に有害なものを感じ取ってみる

どちらも二人一組で行います。

【1】水平テスト

①あなたが腕を水平に伸ばす。

②あなたが体に有害かどうかを試してみたいものをイメージする。

③次に、もうひとりの人にあなたの腕を上から押してもらう。

イメージしたものが、あなたの体にとって有害である場合には腕は下がりにくいのですが、有害である場合には腕は簡単に下がってしまいます。

【2】O《オー》リングテスト

①あなたが右手の親指と人差し指で輪を作り、左の手のひらにタバコやお酒など、自分にとって有害かどうかを試してみたいものを乗せる（イメージでもよい）。

②次にもうひとりも同じように親指と人差し指で輪を作り、二人の輪と輪を鎖の

ようにつなぐ。

③互いに引っ張り合う。このとき、あなたは輪が開かないようにグッと力を入れて抵抗する。

左の手のひらに乗っているものが、あなたの健康にとって安全な場合には、なかなか輪が開きません。逆に、あなたの健康にとって有害である場合には、輪が簡単に開いてしまいます。

左手を体の部位に当てながら行うと、その部位の健康状態も看《み》ることができますので、試してみてはいかがでしょうか？

水平テスト

O《オー》リングテスト

第3章 モテるセックスの秘儀〝房中術〟——実践編

前戯は女性の心と体を温めるためのもの

ここまでのところで、房中術をするにあたって知っておくべきことについてお伝えしてきましたが、ご理解いただけましたでしょうか?

さてここからは、いよいよ実践編に入ります。

残念ながら、古代から伝わる房中術に関する書物のほとんどは、バラバラに散逸してしまいました。それでも日本に入ってきた医学書『医心方』の中に気功養生法のひとつとして「房中」が紹介されていたことなどはすでにお伝えしたとおりです。

古代中国の医薬養生書『千金要方《せんきんようほう》』にも「40歳以上の人に欠かせないもの」という項目として房中術が紹介されていて、こう記されています。

「淫蕩《いんとう》にふけって快楽を追い求めるようなことはせず、節制して養生と体力の強化に努め、交わる際には女性を心ゆくまで楽しませることである」

つまり房中術においては、単に快楽を求めるのではなく、男女和合によって「気」の交換をすることが目的であるということ。また房中術は、男性（陽）と女性（陰）が交わらなければ体のバランスが崩れ、病気になってしまうという考えにもとづいた健康法であること。和合するためには、まず女性を快楽へと誘い、善《よ》きエネルギーを吸い取ることだ、と説いているのです。これこそが房中術の基本的理念です。

このことをあらためて心に刻んでいただいた上で、実践的なテクニックの説明に入ります。

まずは前戯の話をしましょう。

房中術においては、前戯は初めて会ったときから始まっています。あいさつをかわす、握手をする、向き合って語らう、ともに食事をする、ハグをする。これはすべて愛撫の一部だと心得てください。つまりこれらすべてを、「３つの心」をはじめとした、前章でお伝えした心構えのもとで行うということです。

そして密室の中での本格的な前戯へ移っていくわけですが、何度もお伝えしているように女性は心や体が冷えた状態では快楽を得ることができません。前戯は女性の心をほぐし、体を温めるために行うものなのです。

そこで、マッサージから始めるのも一案です。

室内に入ったら女性の手を取り、自分の手でこすりながら温めていきます。温度が上がってきたなと感じたら、肩を抱き寄せハグをします。一度抱き寄せたら、最低でも2分はじっと抱きしめること。そのあいだに感謝の「気」を女性に送り続けることを忘れてはいけません。

そこからキスへと進むのですが、どんな場合でも「静かに、ゆっくりと」が房中術をうまく行うためのポイント。極端な話、相手の体に触れなくても前戯は成立するのです。ゆったりと流れる時間の中で、相手の目を見てじっくりと語り合い、微笑み合う。それだって立派な前戯なのですから。

大切なのは、目の前にいる女性の気持ちを最優先し、彼女にとっての居心地のいい空間をつくろうと考えること。そしてそれは女性の性格や年齢、セックス観や経験値によってケースバイケースなので、こうするべきだと一概《いちがい》には言えません。また、こうしなければいけないというルールや、こうするといいと勧めるマニュアルも作ることができません。

頼れるのは自分だけ。見つめるのは自分と目の前の女性との関係性だけです。以前の彼女がどうだったかなど、まったく参考にならないと思ったほうがいいのです。目の前にいる女性は、あなたにとって唯一無二の存在。他の誰とも違います。ふたりの関係性もオリジナル。他のどんな関係性と比較してみたところで意味がありません。これから新たな関係性をつくり、はぐくんでいくのです。

30分もすれば互いの感情が高まり、キスもディープなものになってくるでしょう。その段階になると女性の官能が目覚めてきます。

さらなる興奮を与えるために、自分の手のひらの真ん中にある「老宮」というチャクラ（116ページ）からエネルギーを出しているイメージを描きながら、女性の体に触れましょう。

闇雲に触れるのではなく、意識的に触れると効果的な部位がある、とK先生は教えてくださいました。

その部位とは骨盤の中央、尾骨の上に位置する仙骨。仙骨にはセクシャルな感覚につながる神経が集まっているので、円を描くようにさすったり、あなたの「気」のエネルギーが注入されるよう意識しながら手のひら全体で触れたりすることで、官能が高まるのです。

女性が挿入するまでの準備を整えるのには時間がかかりますが、前戯は房中術の中でもっとも重要な段階です。手抜きをせず、じっくりと行ってください。

気を使ったとっておきの愛撫

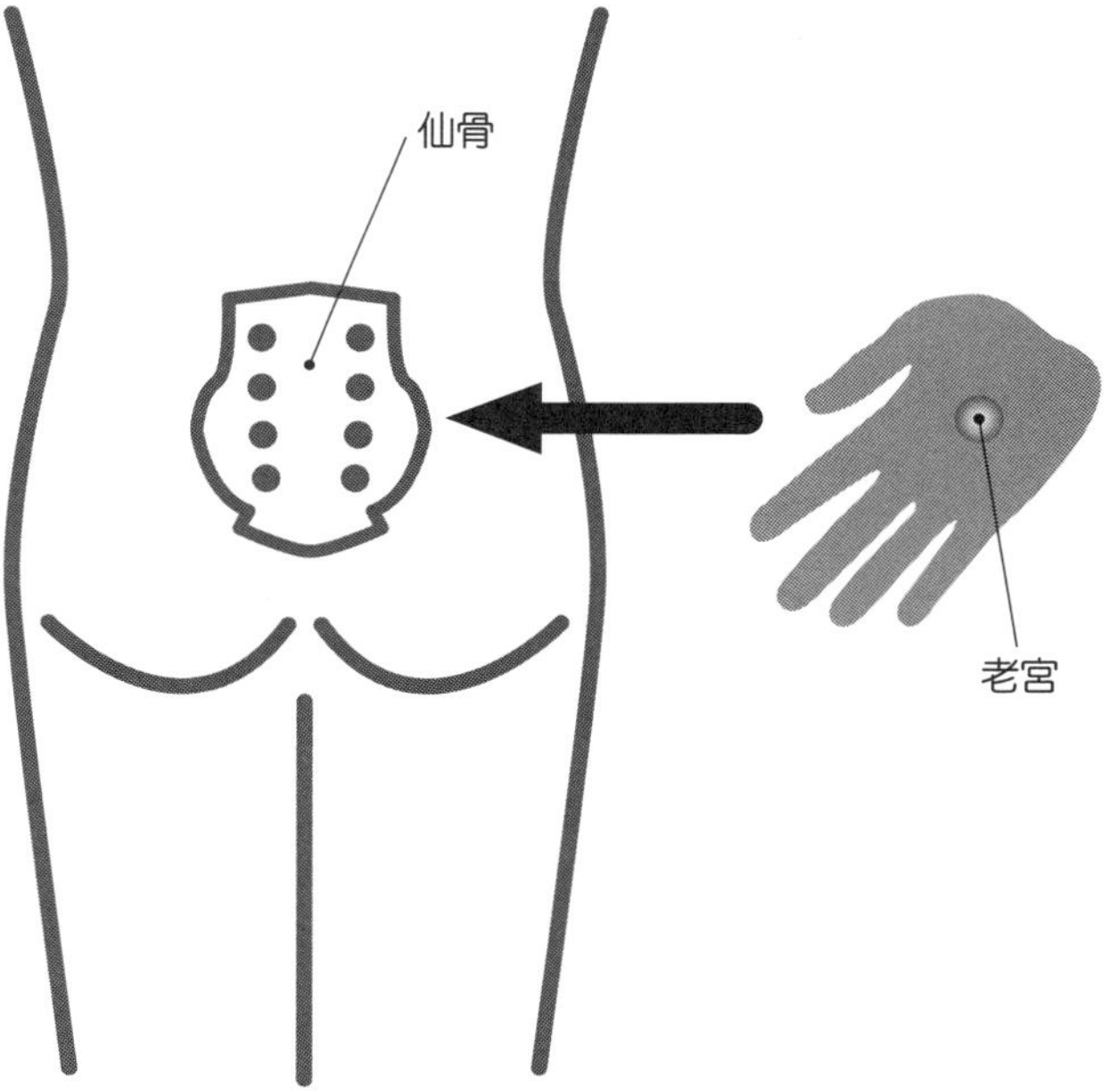

老宮から気を注入するイメージで
手のひら全体を使って
仙骨に触れる

効果的な愛撫のために見逃せない10のポイント

セミナー受講者と話をしていると、セックスがうまくいかなかったのは、相手の女性が不感症だったからではないかという疑念を抱いている人が大勢います。

実は女性の中にも「私は不感症なんじゃないかしら?」と悩んでいる人がいるのですが、「マスターベーションでも感じないの?」と訊くと「自分で触ると感じるし、ローターでならイケるのよね」という答えが返ってきます。つまり、これまで体験してきた男性とのセックスではリラックスできていなかっただけなのです。

ハッキリと申し上げますが、不感症の女性などいません。

K先生は、女性は楽器と同じだとおっしゃいます。これは、いい音を奏でるかどうかは奏者しだいということ。たしかに奏者に腕がなければ、いかなる名器であろうと実力を発揮することができません。すばらしい女体をマグロにしているのは男性なのです。

それもそのはずで、多くの男性のセックスは、自分が感じることだけで精いっぱい。女性が満足を得る愛撫を行うためには、女性の反応を観察しなければいけないのに、そんな余裕さえないのですから。

房中術では、そのことについても触れています。

『医心方』の房中編には、中国房中術書として有名な『素女方』『素女経』『洞玄子』『玉房秘訣』『天地陰陽交歓大楽賦』などが引用されているのですが、その中の『玉房秘訣』では、性交中に観察すべき女性の反応、しぐさとして「十動」なるものが紹介されています。

十動は、以下のとおりです。

1. 抱きついてくるのは、体を寄せて股をくっつけたいからである。
2. 腿《もも》を張るのは、上のほうをこすりつけたいからである。
3. 腹を張るのは、液を漏らしたいからである。
4. 尻を動かすのは、良くなってきたからである。

5．足を上げてからみつけるのは、深く入れたいからである。
6．股をすぼめるのは、中がムズムズしてたまらないからである。
7．腰を横に振るのは、左右をきつく突いてほしいからである。
8．体を浮かすのは、良くてたまらないからである。
9．体を伸ばすのは、頭から足まで快感が走るからである。
10．淫液でツルツル滑るほど濡れてきたら、絶頂に達したのである。

実際には、女性の年齢や経験値、その日のコンディションによって反応は違ってきますから十動を鵜呑みにするのは乱暴だと思うのですが、これくらい細かく女性の反応に関心を持って接しなければタイミングを逃したり、的外れなセックスをしてしまうというのは、たしかなことです。

いちいち解説してくれる女性はいませんから、ここは観察力、洞察力だけが頼りだといえるでしょう。

「ここはどう？　感じる？」と確認していく方法もありますが、これは多くの女性に不評な行為。恥ずかしくて「うん」とも言えないし、黙っていると不感症のようだし、なんといっても尋ねられるたびに恍惚感が途切れてしまうからです。

そこで、「ここに触れると彼女は声を出した。その声は痛がる声ではなく、感じている声だ。さらに触れてみると、やはり気持ちよさそうな声を出した。頬は紅潮し、目が潤んでいる。膣も潤いを増してきた。そうか、ここが彼女の性感帯なんだな」というように、少しずつ探っていくことをオススメします。

タイミングを見逃さないことが大事

『玉房秘訣』ではさらに「五微」と称して、男性が行動を起こすタイミングについても触れています。

1. 顔が火照《ほて》ったら、ゆっくりとペニスを女性器にあてがう。
2. 乳首が硬くなり、鼻に汗がにじんだら、ゆっくりと入れる。
3. 喉が渇いてツバを飲み込むようになったら、ゆっくり出し入れを始める。
4. 淫液が出てきたら、徐々に深く入れる。
5. 液が外に出てきたら、徐々に抜く。

五微は挿入するタイミングについて指南しているわけですが、その前に重要視していただきたいのは前戯です。ここは重要なところですので、五微を参考に、女性の視点を加えながら前戯の流れやタイミングについて解説しておきたいと思います。

■頬や耳が火照ったら、興奮しているサイン

女性の興奮が高まると頬が紅潮してくるというのは真実です。そこへ誘うためには自律神経が集中している部位を愛撫する必要があります。自律神経は外部からの刺激を受けて体の調整を行いつつ体を守る働きを担っているため、自律神経が集中しているところは皮膚感覚が敏感で、性感帯になりやすいのです。

では自律神経が集中しているのはどこなのかといえば、動脈の周囲なのです。ご存じのように動脈が断たれると命取りになることから、人間の体は、動脈の周囲に自律神経を張りめぐらせ、危機を敏感に察知できるしくみになっているのです。

動脈はそのほとんどが体の奥深くに通っているのですが、体の構造上、皮膚の表面近くに浮き出ている箇所もあります。たとえば、首筋、わきの下、股間など。つまりこれらの箇所にある動脈を探ることこそが、女性の頬を紅潮させることへとつながる宝探しだといえるのです。

ところが、性感帯になり得る動脈の通っている箇所というのは、本来は危機を察知するための自律神経が働くところですから、よほどの信頼関係が構築されていなければ危険信号が鳴るばかりで、顔は紅潮するどころか青ざめてしまいます。そうなると体は硬直し、精神的にも緊張して快感を得るどころではありません。

この状況を打破するためには、時間をかけて、ゆっくりと行うことが大事。そして、あくまでもソフトなタッチでということを心がけてください。

また、たとえば首筋にキスしながら髪をなでる、わきの下に舌をはわせながら乳首を手で優しくもむ、股間を刺激する場合には触れる面積を広くするなど、女性の神経を分散するよう配慮することも、少しずつその気にさせるための大きなポイントといえるでしょう。

頬の火照りだけでなく、耳の変化にも注目してください。

血圧が上昇し、毛細血管が拡張すると皮膚が赤くなるのですが、耳の皮膚は薄いため変化がわかりやすいのです。女性がメイクをしていると、頬の紅潮はわかりづらい場合もあります。でも耳の紅潮は隠しようがないのです。

前戯の局面で女性の耳が紅潮してきたら、それは先に進んでもよいという兆し。そこにいたるまで、ひたすら愛撫に徹しましょう。

■乳首が硬くなったら、集中的にバストを愛撫する

とはいえ、耳や頬が紅潮するのは、単に恥ずかしいからだということもあります。そうであるとしたら、まだまだ大胆な愛撫をするタイミングではないわけで、ここが前戯の難しいところ。でも決してあせってはいけません。

さらに観察を続けていく上で、大きな目安にしていただきたいことに乳首の変化があります。鼻に汗がにじむかどうかはさておき、女性は感じれば必ず乳首が硬くなり、ピンと立ってきます。ペニスが勃起するのと同じですね。これは副交感神経が優位に働きはじめた証。女性が心身ともにリラックスし、男性を受け入れるための準備を始めている状態です。

ここまでくると女性は羞恥心を乗り越え、プライドを捨てて、エッチな気分にどっ

ぷりとひたりたいというモードに切り替わっています。同時にこれからどんな風に感じさせてくれるのかという期待が高まっていることでしょう。

かといって、いきなりクリトリスへの愛撫に飛ぶのは得策ではありません。女性がエッチなことに積極的になってきたことを確認してからのテーマはズバリ、焦《じ》らし。女性の興奮をさらに高めていくために、乳首を中心としたバストの愛撫を存分に行っていきます。

バストの愛撫のやり方はひとつではありませんが、いきなり乳首を刺激するのではなく、両手で両方のバストをもみほぐす、バストのすそ野から円を描くようにしながら舌をはわせるなどしながら、焦らし続けてください。

いよいよ乳首の愛撫へと移るタイミングが訪れましたが、まずは乳首を指で軽く挟み、ふたたびバスト全体をもむという動作をくりかえしてさらに焦らします。乳首を口に含むのは女性の息づかいが荒くなってきたのを確認してから。

軽く乳首を口に含み、そこから舌で舐める、唇を使って吸う、甘噛みをするなど強弱をつけながらバリエーションを広げていきましょう。

■ツバを飲み込むようになったらパンティへと手を伸ばす

乳首を愛撫しているうちに、女性が体を反らせるなど大胆な反応を示すようになったら、パンティへと手を伸ばしますが、このときに大切なのは、キスをしながら、あるいは乳首への愛撫を続けながら行うこと。

間違っても、おもむろにパンティを脱がせ、ジロジロと女性器を観察するような真似をしてはいけません。パンティは穿《は》いたままの状態で、まずは女性器の周辺をサワサワとなでていきます。

中心部に触れるのは、まだ先。焦らしに焦らし、女性の興奮の高まりを待つことがすばらしいセックスに誘うための絶対条件であると、強く認識することが大切です。

やがてパンティの上から女性器に触れます。ここまでくれば女性は濡れているのが普通ですが、よけいな感想を口にするのはタブー。ＡＶでは「こんなに濡れているよ」とか「何が欲しいか言ってみて」などというセリフが登場する場面ですが、実際にはドン引きされてしまいかねません。なれ合いになったカップルならともかく、初めてその女性とセックスする場合には、言葉責めなどの羞恥プレイは避けるべきだと思います。

焦らすことをオススメしてきましたが、過ぎたるは及ばざるがごとし。焦らしすぎて女性が「どうしたのかしら?」と冷静になってしまっては元も子もありません。

存分に濡れていることを確認したら、静かにパンティを脱がせ、そこから唇にキスをして見つめ合います。少しほほえみあう感じでふたたびディープキスをしたら、唇と舌を使って、首筋、バスト、おヘソのまわりと下へ下へと愛撫をしていき、股間に到達したら、女性の脚を開きます。

たいがいの女性はピタリと脚を閉じていますが、脚を開くのは男性の仕事です。「自分で開いたのではなく、彼に開かされたのだ」という言い訳を女性に与えることで、女性のエッチな妄想が深まり、セックスへの流れをスムーズなものへと誘うことにつながるでしょう。

本当に正しいクリトリスの責め方とクンニリングス

女性がもっとも敏感に感じるのはクリトリスです。クリトリスは男性器が退化したものだといわれていますので、当然と言えば当然。男性器に集まっている末端神経がクリトリスに集結していると説明すれば、いかに感じやすい部分であるか理解していただけるのではないでしょうか。

一説によれば、クリトリスの刺激による快楽は、出産で痛い思いをする女性に与えられたご褒美なのだとか。もしかすると女性がクリトリスを刺激されることで感じる気持ちよさは、男性の想像を絶するものかもしれません。

いずれにしても敏感なクリトリスは段階を追って愛撫していくことが大切です。

具体的には、大陰唇と小陰唇のあいだにあるスリットを刺激することから始めます。愛液を指ですくい、このスリットをくりかえしなでる。女性が感じているか反応を見ながら、触れる範囲を広げていき、膣の入り口、膣と肛門のあいだの柔らかい部分もそっと触れていきましょう。

ここで男性器を女性のおヘソあたりに突き立てるようにしながら抱き合い、唇と唇でキスを交わします。この時点ではまだ指さえも膣に挿入していません。多くの女性がこのままペニスを挿入してくるのかなと身構えますが、これはフェイント。

挿入はしないまま、下へ下へと舌を使って愛撫をしながら、しだいにクンニリングスの体勢へと移っていきましょう。

そして正しいクンニリングスの方法ですが、その前にひとつ。

男性と話をしていると、ときどき、愛液が気持ち悪いとか、匂いが気になるという理由からクンニは苦手だという人がいます。

ハッキリ申し上げますが、そういう男性はその時点で失格。女性を悦ばせるセックスができるとはとうてい思えません。これからセックスしようという女性を気持ち悪いだとか臭いだとかと思う男性は、結局のところ自分が大事なのでしょう。人ときちんと向き合う気がないのなら、風俗へ行ってお金で快楽を買うか、マスターベーションで完結することをお勧めします。

けれど、すべての女性がクンニ好きかといえば、それは違います。女性の経験値によるところが大きいように思いますが、その男性と最初にセックスをするときから女性器を見られるのは抵抗があると感じる人もいれば、刺激が強すぎて怖いと思う人もいるのです。

ですからクンニへ移ろうとしたときに、女性が拒否反応を示したら無理強いはしないこと。気持ちを切り替え、すみやかに挿入へと移りましょう。

さて、クンニの方法についてなのですが、愛撫しているときと同様にいきなりクリトリスを刺激してはいけません。大陰唇、小陰唇、膣の入り口などを舌で触れていくことから始めましょう。

クンニの優れている点は、指とは違う、舌の独特な感触を使えること。左右に動かしたり、ツバで滑りをうながしつつ円を描くようにソフトに刺激を与えることのできる舌の機能を駆使して行うことが基本です。

まずはゆっくりと舌を上下に動かしながら女性器を全体的に舐め、次に速度を速めて舌を左右に動かしながら女性器全体を刺激する。この動作をくりかえしたところでクリトリスへと移っていきます。

クリトリスの形状は女性によって異なりますが、多くの場合は皮をかぶった状態です。といって、いきなり皮をむいて舐めるのではなく、最初は皮をかぶったままの状態でクリトリス全体を口に含むのがよいでしょう。

ここでも洞察力がものを言います。クリトリスはペニスと同じように、感じるほどに充血し、大きくそそり立ってきます。そうなったら手の人差し指と中指で皮をむき、クリトリスを舌で優しく包み込むようにしながら、舌で円を描いて舐めます。

指ではなく、上唇と下唇を使って皮をむく方法もありますが、大切なのはソフトにタッチすること。ゴシゴシ刺激をすれば女性がヒーヒー言って悦ぶなどというのは迷信。もしもヒーヒー言うことがあれば、それは痛がっているのです。

女性が「イキそう!」と言ったら「イッていいよ」と声をかけ、絶頂へと誘いましょう。

女性は男性と違い何度でもイクことができますが、挿入でイカせようというのは実は至難の業。挿入してイケなくても、前戯でイクことができれば女性は満足します。むしろ女性は前戯でイッたほうが挿入でもイキやすくなるとも言えるでしょう。ベッドの中で一度ならず、二度も三度もイッたということになれば、必然的に「彼とのセックスは最高だった！」ということになります。

女性にとっては前戯も立派なセックスなのです。

Gスポットのウソとホント

女性がじゅうぶんに濡れている場合には、クンニより先に指を膣に挿入してのヴァギナ愛撫を行ってもよいと思います。

ここでの注意点は、指先の清潔を心がけること。室内に入ってから手を洗ったか、爪のあいだが汚れていないか、爪は切りそろえ、ヤスリをかけてギザギザのない状態になっているかを確認した上で行うのは女性に対するマナーです。

ちょっと余談になりますが、女性は男性の手をよく観察しています。女性にとって男性の手は「この手でバストを揉まれたら……この指が膣に挿入されたら……」とエッチな妄想をかきたてるキーポイントなのですから。大きな手に発情する女性もいますし、きれいな指にときめく女性もいますが、汚い手、汚れた爪に大きくバツ印をつけるのは共通しています。その時点で「今日のセックスはないな」と判断されてしまうことだってあるのです。

密室に入ったら、手を洗い、うがいをする。それだけでなく、手を洗ってうがいをしたことをアピールしたほうがいいでしょう。自分の体を気づかってくれているのが感じられ、女性にとってはとてもうれしいものです。

さて、ヴァギナの愛撫ですが、指を2本も3本も入れたがる男性も珍しくありません。でも指は1本だけでじゅうぶん。指で刺激するメリットは、ペニスでは触れられない細かな部分をピンポイントで触れることにあるのですから。

女性がピンポイントで感じるところといえば、Gスポット。

Gスポットは、膣の入り口から2センチほどのところにあります。指で膣の壁を触れていくとザラリとしたコインほどの大きさの壁面が見つかりますが、そこがGスポットです。

もしかして、あなたはGスポットをゴシゴシ強く刺激すると潮を吹くだなんて思ってはいませんか？　それは大きな間違いで、Gスポットは指の腹を使って優しくなでるというのが正しいやり方です。

また、Ｇスポットを刺激すれば必ず潮を吹くというわけではありません。じゅうぶんに感じていても潮を吹かない女性もいます。体調によって吹かないこともあります。ですから潮を吹かせることにこだわるのはやめてください。

それよりはＧスポットを刺激しながら、ディープキスをする、バストを触る、乳首を吸うなど複合的に刺激を与えることに集中したほうがよいのです。

中でもオススメしたいのが、Ｇスポットを指でこすりながら、クリトリスを舌で刺激するというもの。女性のあいだでは「なぜ彼はアレをしてくれないのかしら？　アレさえしてくれたら絶対にイッちゃうのに」とささやかれる、抗《あらが》いきれないほどの快楽をもたらす行為で、ほとんどの女性がたちどころに絶頂に達するはずです。

前戯で女性を無我の境地へと導くことで、これから行う挿入の感度もグッと深まることでしょう。

女性に愛撫をお願いするコツ

『医心方』には、

《女の左手に男の玉茎を握らせ、男は右手で女の玉門を広くなでる。すると男が陰の気に感じてたちまち玉茎が脈動する。女も陽の気を感じて丹穴が愛液で潤ってくる》

と記してあります。前戯は相乗効果によって興奮が高まり、「気」の交換をすることによってさらに条件が整うと指南しているのです。

女性を感じさせることがなによりも大切であることに違いはありませんが、これから挿入をしようという段階ですから、男性側のペニスも元気なほうがいいわけです。

そこで、女性から愛撫をしてもらうのもよいと思います。

ここまでで存分に感じた女性は、「今度は私が感じさせてあげる番」と、手でペニスを愛撫してほしいという男性の要求にも素直に応じてくれることでしょう。

その延長線上にはフェラチオもあります。女性のほうから進んで行うのであれば拒絶することはないのですが、初めてのセックスで男性からフェラチオを強要するのは好ましくありません。「彼は最初からフェラをせがむような厚かましい男だった」とか「最初のセックスでフェラを強要されてビックリ！」などという女性の話をよく耳にします。フェラチオに関する女性の感覚はさまざまで、実に大らかにフェラチオを愉しむ女性も大勢いますが、みんながみんなそうではない、ということは覚えておいたほうがいいように思います。

少なくとも無言で女性の頭を押さえつけてフェラチオへと誘うようなことは、絶対にやめてください。してほしいことがあれば言葉で伝えるのがマナーです。その場合にも「もしも嫌でなかったら……」とか「お願いがあるんだけど……」という具合に女性を尊重しながら伝えることが大事。そうすることで女性の中の母性本能に火がついて、なんでもしてあげたいと心が動くこともあるのですから。

前戯の話をしていると、どうしてもテクニック論にかたよりがちになってしまうのですが、大事なのは気持ちであることを忘れてはいけません。

女性が男性のことを本気で好きになれば、いっしょにいるだけで幸せ感を抱きます。私の友人には、大好きな彼がしていた腕時計を借りて、自分の腕にはめてみただけでイキそうになるくらい興奮したという人もいるほどです。

大好きな彼なら電話で声を聞いただけで濡れる、手をつないだだけで震えるほど感じるなどというのは、女性なら誰もが経験していることだと思います。

なによりも大切なのは、相手の女性に惚《ほ》れられること。そのためにはベッドの中だけではなく、常日頃からの彼女への気づかいが重要なのだということを、どうぞ忘れないでください。

「千人斬り」はモテ男ではない!?

ここまで、彼女の性感帯はどこなのか、それを探るためには洞察力が必要だという話をしてきました。でも、一度セックスしたくらいではわからないこともあります。

もっと言えば、女性は全身が性感帯になりうる生き物。前戯の時間が長ければ長いほど、新たな性感帯をみつけることができるわけです。一度のセックスだけでなく、二度、三度と重ね、心が解放されていくにつれて開花する性感帯もあるでしょう。

そうやって、女性があなたに身をゆだね、解放した姿を見せたらどうなると思いますか?

そう、彼女はあなたから離れられなくなるのです。

そこまで関係が深まれば、セックスの快感はさらなるステージを迎えます。そのようにして二人でしか築くことのできない濃密な世界を構築していく。それが房中術の極意だといえるでしょう。

モテ男というと、複数の女性と同時につきあうとか、過去に大勢の女性とセックスの経験があるとか、そういうプレイボーイを連想する人が多いようです。「俺は〝千人斬り〟だ」などと自慢する男性もいます。たしかに1000人の女性を「セックスしてもいい」という気分にさせたコミュニケーション力は大したものだと思いますが、それがモテ男だと言えるのかどうかは難しいところです。

きっと、そういう人は誰が見ても清潔感があって、そうひどくないルックスを持ち、いっしょにいても不快な気分にはならないタイプなのでしょう。だから、ちょっとした女性の心の隙間《すきま》にサッと滑り込むことができる。

でもそれは、それだけのことです。本人は体《てい》よく遊んだと思っているかもしれませんが、とんでもない。そういう男性は女性にとって都合がいいだけなのです。

千人斬りを自慢するような男性は、女性のことがわかっていません。セックスは人数ではなく、質で勝負するもの。考えてもみてください。愛のない一度きりのセックスを1000人の女性としたところで、彼は相手の女性にとっては常に初心者どまりなのです。

本当にモテる男性になるためには、ひとりの女性とじっくり向き合い、長くつきあう時期が必要。これこそが女性をメロメロにすることができる男性の共通項であるといえます。

よく「フェロモンはどうやったら放つことができるのでしょうか？」という質問を受けるのですが、私はフェロモンというのは男性の経験値によってにじみ出る色気だと思います。この場合も、経験した人数ではなく、女性というものをどれだけ知りつくしているかが問題。

極端な話、彼女の生理がいつからいつまでで、生理の前だとどう変化して、生理の後にはどうなるのかということまで熟知した上で、ひとりの女性とのセックスを堪能《たんのう》した経験のある男性は、余裕とともにフェロモンをまとわせているのです。

房中術を習得すると、いろいろな女性と試してみたいという衝動に駆られるかもしれません。そのことをとがめたりはしませんが、基本的に房中術はひとりの女性とじっくり行うもの。女性の人数が増えると集中力が散漫になりますし、情熱に欠けた不《ふ》埒《らち》な「気」を交換することにもなりかねません。

上手に「気」をめぐらすことのできた喜び、善きパートナーに出会えたことに対する感謝は、何物にも代えがたいほど大きなものです。房中術を極めるのにしたがって、お互いに「この人でなければダメだ」という想いも強くなってきます。

セックスの相手は、ひとりでじゅうぶんなのです。

挿入しても動かない

房中術では挿入もゆっくりと行います。
体位は正常位です。「大丈夫？　痛くない？」と尋ねながら、女性を壊れ物だと思って、優しくあつかうこと。そうした気づかいによって、信頼関係もより深まることでしょう。

挿入しきったあとは、そのまま動きません。女性が濡れていても、腰は動かさないこと。

激しいピストン運動をすれば女性が悦ぶというのは男性の勝手な思い込み。挿入したまま、しばらく抱きしめ、そのあいだに「気」の交換をします。
抱きしめている時間が長いほど「気」の交換がスムーズに行える状態に近づいていくのですから、あせりは禁物。女性が「どうしたの？」と尋ねてきたら「こうして、君を感じていたいんだ」と伝えましょう。

互いにつながっていることを意識しながら、静かに流れる時間の中に身をゆだねていると、しだいに男性器と女性器が一体化していくのを感じ、満たされた気持ちになってきます。これこそが「気」の交換が行われていることの証です。

射精したい、快楽を得たいという感情を抑え、心を冷静に保つためには、深呼吸が効果的。副交感神経を優勢にするため、ストレスをぬぐい去るように努めます。

ここが一番大切です。ペニスの長大さも、ギンギンに勃起している必要もないのです。テクニックに長《た》けていると思われたり、経験が豊富だと印象づけることには、なんの意味もありません。

考えるべきは女性と一体化すること。それだけです。

房中術のためのワーク⑤「挿入される女性」になるイメージを描いてみる

房中術を行う上では、女性の気持ちを理解することが要となります。そこでK先生がセミナーで推奨するイメージトレーニングをやってみましょう。

①椅子に座り、背もたれによりかかる。
②目を閉じ、女性になるイメージを描く。
③男性の前で裸になっているイメージ。
④正常位で下になり、上から見つめられているイメージ。
⑤ペニスが入ってきたイメージ。
⑥ピストン運動のイメージ。
⑦ペニスが女性器から抜かれるイメージ。

イメージしてみると、受け身である女性の気持ちがわかるはず。心の準備もできていないうちに、いきなり挿入され、激しいピストン運動をされたりしたら、心がついていかない——といったことも理解できるのではないでしょうか。

セミナーの受講者は、それまで女性の気持ちなんて考えたこともなかったと異口同音に言います。それでは女性を悦ばせるセックスなどできなくて当然。

逆に言えば、女性の気持ちを理解することができれば、セックスは確実に上達したといえるのです。

ペニスは「気」の注ぎ口

さて、挿入後はじっとして動かないと申し上げました。男性器と女性が一体化するのを感じ、「気」の交換をするというのもお伝えしたとおりです。

でも実はここで、男性にはもうひとつ、すべきことがあります。

それは自分の「気」をおヘソの下10センチほどのところにある「丹田」に貯めるイメージを描くことです。

中国では昔、不老不死の薬のことを「丹」と呼んでいました。「田」は物を生み出すところという意味。つまり「丹田」は精気を生み出すところを意味します。

その丹田に貯めたエネルギーをペニスを介して相手に与える。それが「気」の交換の極意であり、あなたという男性の真骨頂。小手先のテクニックやAVで覚えたアクロバティックな体位、身体能力だけで押し切るセックスなどはまやかしで、ピント外れもいいところなのです。

丹田にたくわえたエネルギーを今度は「気」の球だとイメージし、続いて子宮に向かってポンと優しく投げ、弧を描いて子宮に届くようすをイメージしましょう。そうやって陽のエネルギーを子宮に注いであげるのです。

「気」に敏感な女性は、それだけでイッてしまうこともあります。すると今度は、女性が発する陰のエネルギーを同じくペニスを介して受け取る。これがハグをしているときよりもさらに高度な「気」の交換となるのです。

ペニスは「気」の注ぎ口であると同時に吸い取り口であるとも言えるのですが、意識するのは与えることだけにとどめてください。吸い取ってやろうという欲があると和が乱れ、女性のチャクラが閉じてしまいます。

掛け値なしのセックス、見返りをあてにしない想い。それが房中術の基本です。無償の愛を学ぶことからすべてが始まるのだということを忘れないでください。

どうしても射精したくなってしまったら

しかし、最初のうちは、射精したいという欲望に負けそうになることも珍しくはありません。

そこで、ここではK先生の伝授する「射精してしまわないようにする方法」をご紹介します。

正常位で、あなたは上になっている状態です。

手をグーに握り、女性の体の脇へ置きます。

そのまま目をつむり、自分の目玉を頭の後ろへやるイメージを描いてください。

「後頭部についた目で天井を見る」というイメージを描くことで、気持ちをまぎらわせることができるのです。

目を開けたまま行うと女性にギョッとされてしまうので、必ず目を閉じて行うようにしてください。

もうひとつの方法もご紹介しましょう。

やはり手をグーに握り、女性の体の脇へ置きます。

次に、足に力を入れ、背骨を反らします。

そうしたら肛門の穴を絞め、最後に歯をくいしばる。こうすることで、射精したいという気持ちは遠のきます。

いずれの方法とも、鼻から深く息を吸い込み、鼻から静かに息を吐ききる呼吸法と併用することで、効果が高まるとのことです。

ぜひ試してみてください。

ピストン運動は九浅一深法《きゅうせんいっしんほう》+三浅一深法《さんせんいっしんほう》で

前戯で女性の体を温め、挿入によって「気」の交換をしたら、いよいよピストン運動に入ります。

もちろん、ここでも房中術ならではのセオリーがありますので、これからお伝えすることを心に刻み、勝手に暴走することのないようにしてください。

正常位で挿入したまま動かない状態でいるときには、女性に覆いかぶさった姿勢になっていますが、ピストン運動をする段階になったら背中を立てます。

女性と体を密着させていると交感神経のほうが副交感神経より優位になり、その結果、射精モードへと切り替わってしまいがち。そこで背中を立てて神経を落ち着かせる体勢をとるわけです。

女性にとっては上から顔をバッチリ見下ろされる形になるので、恥ずかしさや不安から「もっと密着していたい」とか「もっとこっちに来て」などという人もいるかと思いますが、そうした女性の言葉は悪魔の誘惑だと思って、聞き入れないことが大切。ここで誘惑に負けてしまっては、房中術をマスターした甲斐もなく元の木阿弥になってしまいますので用心してください。

房中術に限らずセックスの場面では、必ずしも女性の望むとおりにするのではなく、むしろ焦らすほうが効果的です。焦らしは最大のスパイスですので、大いに活用しましょう。

さて、背中を立てたら、次に深呼吸をして心を整えます。これもアクセルを踏みすぎないようにするため。ピストン運動を始めると摩擦による刺激を受け、強い快楽が訪れます。その快楽に打ち勝つには相当な覚悟が必要。ここは苦しいところですが、すべては「射精したい」という誘惑を乗り越えた先に広がる桃源郷へ到達するための道です。がんばりましょう！

房中術でのピストン運動には2種類のカウントイメージがあります。

それは「九浅一深法」と「三浅一深法」です。

正常位で背中を伸ばしたまま女性器の中にペニスをゆっくりと挿入し、9回浅く突きます。1、2、3と頭の中でカウントしましょう。9回突いたら、次に女性の腰を持ち上げ、1回だけ、ゆっくりと深く、ペニスの根元まで挿入します。そして、ゆっくりと引き抜く。ここまでをワンセットとして9セット行います。

さらに、そこから三浅一深法です。

今度は3回浅く突き、膣の奥深くまで1回ペニスを挿入。これをワンセットとして9セット行います。

何セット行うかは男性の気力にもよりますが、やはり優先するのは女性の快楽。彼女が恍惚としていれば、九浅一深法×9セットと三浅一深法×9セットで終了して構いません。でも、彼女がまだ完全に昇りつめていない様子なら、最初から何度でもくりかえしてください。

この動きでは、自分の性感レベルを確認しながら行うことも重要です。

射精に達するマックスの快楽を10として、今、自分はどのあたりにいるのかをイメージしましょう。そして、常にレベル４～５に保つようにします。

もしレベル６を超えてしまったら、九浅一深法もしくは三浅一深法の途中でも、いったんストップ。射精したい気持ちに負けてしまう前に、息を整えましょう。

どんなときも、絶対にあせってはいけません。ゆったりと流れる時間の中で、すべての動作をゆっくりと行うことが房中術の基本だということを思い出し、平常心を取り戻します。

そう、房中術は自分との戦いなのです。

そして、その戦いに勝った者だけが、真の男になることができるのです。

射精しないメリット

何度もお伝えしている通り、房中術は射精を目的としていません。射精しないセックス、それが房中術なのです。

言うのは簡単ですが、射精をコントロールすることは簡単なことではありません。ですから最初は射精をしてしまっても仕方がないこと。自分を責める必要はないのです。けれど続けているうちに、やがて射精するより射精しない快楽のほうが格段に高いことに気づくと思います。

「房中術のセックスで得る快感と、通常のセックスで得る快感は、まったく質が違うのです」とK先生は説きます。

通常のセックスでは、女性の裸を見たときから急激に高まる快感が、射精とともに急降下。まるで憑き物が落ちたようにテンションが落ち、その後はひとりで休みたい気分に襲われます。そうなったら女性との後戯は苦痛でしかなく、隣で寝ることさえもわずらわしい。なんとか理性を保って感じの悪い態度は避けても、心はすっかり女性から離れてしまうのです。

これを寂しいと感じない女性はいません。女性の快感は男性が射精したあとも続いているのに、一方的に至福の時間を打ち切られてしまうのですから。

男性の体のメカニズムを理解していれば、「私は遊ばれたのね」などと被害妄想に陥ることはありませんが、それでも寂しさはぬぐいきれないもの。ついさっきまで一体化していたはずの男性が射精を終えたとたんに冷たくなってしまうなんて、なんだか自分だけが取り残されたような気分になってしまうのも当然だと思いませんか？

いっぽう、房中術をマスターして挑むセックスでは、男性の快感レベルが急降下することがありません。女性と同じように長いあいだ快感が続き、少しずつ快感のレベルを下げていくことになります。

つまり、射精しないメリットは、女性と足並みがそろうこと。そして男性の100倍といわれる女性の快感を共有できること。残念ながら女性である私には、射精しないセックスの気持ちよさを理解することはできませんが、K先生によれば、催眠術にかかったようなフンワリとした絶頂感だということです。

では、房中術セミナーを受講した後、射精しないセックスに挑んでみたという人たちは、どんな感想を持ったのでしょうか。

●滋賀県在住　51歳の男性

セミナーを受講して、頭では理解できましたが、どうしても「射精しないセックスなんて意味がない」と思っている自分がいました。しかし百聞は一見にしかずということで、セミナー後に妻を相手に実践してみました。

ちなみに妻は35歳。年の差婚をして1年目ですが、私はセックスで彼女を感じさせなくてはいけないという強迫観念を抱えていたのです。スタミナがなく、中折れしてしまって妻をガッカリさせることも一度や二度ではありませんでした。

ところが房中術の前戯で私は初めて恍惚とした表情の妻を見ることができたのです。

教えてもらったとおりにしたらうまくいったので、挿入やピストン運動も忠実に行おうと決め、ゆっくりペースで進めていったところ、自然と射精したいという欲望は消え、このまま抱き合っていたいという気持ちになることができました。ずっと一体化している快感は想像を絶するものです。

房中術を行えば、これから先もずっと妻とすばらしいセックスをすることができると確信しました。

●千葉県在住　48歳の男性

私は虚弱体質で悩んでいました。ところが房中術の訓練をするようになってから、体に「気」がめぐっているという感覚がわかるようになりました。射精をしていませんので、それが元気の素なのかなと思います。

射精しないことに関しては、すぐに慣れました。今では射精する気になれません。射精が気持ちいいというのは思い込みに過ぎなかったのだと感じているからです。射精せずにイクという感覚は実践した人でなければわからないと思いますが、一度射精しない快感を覚えたら、誰もが病みつきになることでしょう。

あきらめかけていた春がやってきたような気分です。感謝しています。

●静岡県在住　40代の男性
正直、ウソっぽいなと思っていましたが、実際に房中術を試してみると、本当に疲れないのでビックリしました。彼女に「もう一度」とせがまれても、以前は「無理だから」などと言って気まずい雰囲気になっていたのです。でも今は何度でも彼女をイカせる自信があります。

射精のコントロールについては、始めは妙な感じでしたが、何度かくりかえしているうちに射精しないほうが普通になりました。今はイッても射精はしていません。彼女との絆も深まり、結婚することが決まり……と、房中術を習得して人生が変わったような気がします。ありがとうございました。


私の知り合いの男性は、「射精による快感は、房中術で得る絶頂感に比べたら幼稚なレベルだ」と言ってはばかりません。「房中術での快感が一流中華料理店のフカヒレ麺だとしたら、射精によるセックスはインスタントラーメンみたいなものだ」と語る人もいます。

半信半疑の方も、とにかくだまされたと思って房中術に挑戦してみてください。

もしも、あなたがいつまでも若々しくありたいと望むなら。

もしも、あなたが愛する人と生涯セックスをしたいと思うなら。

もしも、あなたが「あなたとのセックスが忘れられない」と女性に求められる自分になりたいと考えているなら。

そして、社会の中でイキイキと生きていきたいという希望を抱いているなら――。

房中術は強い味方になってくれるに違いありません。

房中術のためのワーク⑥　日常生活の中でできる簡単エクササイズ

1日3分、自宅で簡単にできるトレーニング法があります。

●キゲール体操

キゲール体操という名の骨盤底筋体操です。

最近、「膣トレ」が話題になっているのをご存じですか？　加齢によって女性の膣の筋肉が衰えると、尿漏れや膣の緩みといった現象が起こるのですが、キゲール体操はそうした膣の悩みを予防、改善するために考案されたもの。けれど男性にも適用することができるのです。

ペニスには筋肉はありませんが、ペニスを支える骨盤底筋を強化することで、射精をコントロールしようというわけです。

やり方はいたって簡単ですので、膣トレならぬ「チントレ」を日常生活の中に取り入れましょう。

・スロークランチ

①足を閉じて立って息を吸い、息を吐きながら肛門をキュッと締める。

②足を肩幅に開いて立って息を吸い、息を吐きながら肛門をキュッと締める。

③足を肩幅より開いて立って息を吸い、息を吐きながら肛門をキュッと締める。

①〜③をゆっくり10回ずつで1セットです。

・フラッター

スロークランチと同じ動きですが、お尻の穴を締めるスピードを速くします。

これも10回ずつでワンセット。

スロークランチとプラッターを組み合わせて、5セット行います。

お尻を絞めるときに強く力を入れる必要はありません。キュッ、キュッと軽く締める程度でじゅうぶんです。特に血圧の高い方はがんばりすぎないよう注意してください。

●排尿時トレーニング

尿を止めることで射精をコントロールする能力を高めることも可能です。

①排尿のとき、かかとつま先をしっかりと床につけて立つようにする。

②息を深く吸い込み、ゆっくりと吐き出しながら、会陰《えいん》（睾丸と肛門のあいだ）に力を入れるような感じで力強く排尿する。

③息を吸い込み、筋肉を引き締めて尿を止める。

④②と③を数回、排尿が終わるまでくりかえす。

最初は痛かったり、うまくいかないこともありますが、それは骨盤底筋が弱っている証拠。けれど2～3週間で容易にできるようになるでしょう。

房中術のためのワーク⑦　もっと愉しむためのペニスケア

●金冷法

ご存じの方も多いかと思いますが、精を強化するためには睾丸を温めてはいけないと言われています。けれど、睾丸は位置する場所からも、とかく温度が上がってしまいがち。

そこでシャワーを使っての金冷法をご紹介します。

①ぬるま湯と冷水を交互に、3分ずつほど睾丸に当てる。
②痛くならない程度に3分ほどマッサージをする。

即効性は期待できませんが、試してみる価値はじゅうぶんにあると思います。
また、下着をブリーフから、体温がこもらないトランクスに変えることなども一案です。

●会陰マッサージ

会陰とは、陰嚢と肛門のあいだのこと。この部分をマッサージすることによって前立腺が刺激され、性欲減退を改善することができるのです。

かがんだ状態で片膝を立てて行うか、立って片足を持ち上げ壁につけた状態で行ってください。

お風呂に入ったときに石鹸を泡立ててマッサージする、あるいはオイルを使ってもよいでしょう。

体に効く食べ物でさらにパワーアップ

房中術を行えば免疫力がアップし、体力が回復するということはお伝えしてきましたが、日ごろから食生活に気を配り、健康を心がけていなければ、セックスどころではありません。

特に滋養強壮に効くものを意識的に摂《と》って、いざというときのためのスタミナをたくわえるようにしましょう。

滋養強壮に効くものについては詳しい方もおられるかと思いますが、あらためて記しておきます。

・高麗人参《こうらいにんじん》——即効性に優れていますが、血圧を上げる作用がありますので、高血圧の方は控えてください。

・自然薯《じねんじょ》——長イモの一種で、昔から精のつく食材として知られています。

・ニンニク――臭いが気になる人は、臭いのないサプリメントをオススメします。
・納豆、オクラ、ナメコ――ネバネバした食材はスタミナ源になるといわれています。
・ネギ、ニラ、ラッキョウ――精力がつくと同時に、体を温める作用もあります。
・ゴマ――ゴマに含まれるゴマリグナンは肝臓に働きかけ、老化を防ぎます。
・ショウガ――体を温めるということで注目を集めている食材です。
・白湯《さゆ》――白湯には体内の毒素を排出するデトックス効果があります。
・ヤクルト――小腸に効きます。丹田を鍛えるためには腸の強化が必須です。
・ヤクルトミルミル――K先生もオススメの大腸に効く飲み物です。カロリーオフのバージョンもありますので、毎日欠かさず飲むことをオススメします。
・鮭の白子からできている核酸ドリンクなど――細胞分裂・新陳代謝をうながします。

房中術にまつわるQ&A

Q. 房中術以前に中折れしてしまうのですが。

A. 中折れしたって女性を感じさせることはできます。インポであっても早漏であっても遅漏であっても同じこと。挿入だけがセックスではないので、まずは前戯による「気」の交換から始めてみましょう。

Q. 交感神経が優勢になったら射精してしまうため、リラックスするのが大事とのことですが、リラックスしたら萎《な》えてしまうのではないですか。

A. リラックスしてもペニスは萎えません。もしも萎えたとしても先を急がず、ふたたび愛撫に戻ればよいだけのことです。

Q. 房中術は何歳から始めることができ、何歳まで行えますか？

A. 何歳からでも始められ、一度習得すれば生涯行うことが可能です。

Q. 射精しないで終わると、睾丸に痛みが出るのですが。

A. 最初は痛いかもしれませんが一過性のもので、やがて痛みは感じなくなります。

Q. 射精をしない房中術ではコンドームもいらないということでしょうか？

A. コンドームは使ってください。コンドームは避妊のためだけでなく、性病予防の役目も果たしています。

Q. コンドームを装着すると、「気」が回らないということはありませんか？

A. まったく問題ありません。

Q. 普段から腹式呼吸の練習などはしておいたほうがよいのでしょうか？

A. もちろんです。練習せずに試合に挑んでも勝ち目がないのと同じです。

Q. 早漏なのですが、本当に射精しないようコントロールできますか？

A. 安心してください。K先生もひどい早漏を克服しました。多少時間が必要かもしれませんが、必ずコントロールできるようになります。

Q. すぐに効果は出ますか？

A. 射精しないというところまではできなくても、この本で学んだことを忠実に実践すれば、パートナーの反応はハッキリと変わります。あせらず何度でもチャレンジしてください。

Q. 射精しないと回復力が早く、元気がみなぎるという理屈は理解できたのですが、射精されない精子の行方が気になります。

A. 射精されなかった精子は体内で分解・吸収されます。もちろん人体に悪影響はありません。

Q. 射精しないなんて心身に悪いのではありませんか？

A. たしかに、射精しないというのは極端なのではないかという意見が出ても、不思議ではないと思います。

けれど、射精しないというのは禁欲ではありません。房中術の実践家には何十年も射精していない人もいますが、健康を害するどころか健康になっています。

射精するしないにかかわらず、快感の強さは心理的なものが大きく左右しますので、実際にやってみて自信がつけば射精しないセックスの快感のほうがよいと感じるようになるのです。

おわりに

『女が悦ぶセックス』に続き、文庫ぎんが堂さんから第2弾となる本書を出版することができて、とてもうれしく思います。

この本の中でも触れているように、セックスはコミュニケーションの一部です。ですから普段、女性とうまく向き合えない男性がセックスの場面でだけスーパースターになることはできません。それなのに多くの男性が一足飛びにセックスの達人を目指したいとおっしゃる。申し訳ありませんが、それはできない相談というものです。

いっぽう、房中術はセックス術ではありますが、習得すれば人間力が格段に身につくコミュニケーション術。ベッドの中で女性から信頼され、慕《した》われることに目覚めた男性は、社会の中でもモチベーションが上がり、別人のように堂々とふるまうことができるようになるでしょう。すると女性からの注目も集まりモテるようになる。

そう、房中術はあなたを成熟した男へと導いてくれる人生哲学なのです。

かく言う私の人生にも、いろいろなことがありました。1000人を超える男性とセックスしてきたというのは事実ですが、それ以前に私は事業家としての経験を積んできました。

セミナーでは、私がどういう人物なのか知りたいという声が多く寄せられます。それはきっと、私がどんなに「房中術はすばらしい！」と力説しても、田辺まりこという人間がどんな人生を送ってきたのかがわからなければ説得力に欠けるということなのでしょう。

そこで、長いプロフィールを記して、あとがきとさせていただきたいと思います。

私は北海道の札幌で生まれ育ちました。父はいなかったため、母がそれはそれは苦労をして私と弟を育ててくれたのです。

やがて私は、母に楽をさせてあげたい、弟を大学に進学させてやりたいと強く思うようになり、昼は美容院で美容師として、夜はホステスとして働くようになりました。札幌のクラブでたちまち売れっ子になり、20歳のときにスカウトされて上京。銀座の会員制クラブ「姫」に勤めはじめます。

山口洋子ママが経営する「姫」は言わずと知れた伝説のクラブで、お客さんは政治家、有名企業の経営者、作家、芸能人、スポーツ選手など超一流。ホステスも日本中から選《よ》り抜かれた女性ばかりでしたが、私はきっと運がよかったのでしょう。ナンバーワンになるまでに、それほど時間はかかりませんでした。

私の座右の銘は「有言実行」ですが、これは「姫」のホステス時代にお客さんから教えていただいた、生き抜くための哲学です。

30歳までに自分の店を持ちたい――。

ある日、ポロッと自分の夢を語った私に、その人は言いました。

「夢というのは口に出して１００人の人に語らなきゃ実現しないよ」

あのときのことは忘れられません。目からうろこが落ちるとはあのことでしょう。なぜなら私は、夢は他人に語るべきものではないと思い込んでいたからです。

でも考えてみれば、それはできなかった場合に備えていただけ。やる前からダメだったときを想定していては、可能な夢も不可能になってしまいます。

そればかりか、自分の夢を語れば、聞いた人が協力してくれるかもしれないのです。

実際、私は夢をできるだけ多くの人に語ろうと決め、実践するうちに、多くの協力者を得て、本当に30歳で独立することができました（正確には29歳で物件の契約をし、30歳と1カ月でオープンしました）。

当時、銀座でクラブを開店するためには、最低1000万円は必要だと言われていましたが、私が準備できたのは200万円足らず。ところが「ビルを建てるから、その中でお店をやりなさいよ」と言ってくれる女性が現れ、しかも質権設定を90パーセントという高率にしてくれたのです。これは簡単に言うと、1000万円が必要なら、900万円までは店を担保に借りられるということ。つまり自己資金が100万円あれば店を開けるという、願ってもないような好条件でした。

銀行の保証人になってくれたのもお客さんでしたし、内装屋の社長に格安で内装をしてもらったり、酒屋の御曹司が「軌道に乗るまでは」とツケの期間を長くしてくれたり……。夢を熱く語っていなければ応援してくれる人たちにめぐり合うことはなかったと確信しています。また、自分で口に出してしまったことで自分にプレッシャーをかけてがんばったということもあると思うのです。

私は今、セミナーで「彼女が欲しいなら、彼女が欲しいんだと100人の人に語ってください」とお話しています。どこに、どんな出逢いがあるかわからない。運命は待っているだけでは開きませんよと。

さて、私がオープンした「銀座スポーツマンクラブ」という名前の店は思いのほかうまくいきました。

なぜスポーツマンクラブなのかといえば、それは地位のあるお客さんに電話をした場合、最初に出るのが秘書だからです。

「どちらの田辺さまですか?」と尋ねられたときに「『クラブまりこ』の田辺です」などといえば「会議中なので」と取り次いでもくれません。でも「『スポーツマンクラブ』の田辺です」と伝えれば、すぐに取り次いでくれます。また、お客さんが昼間に「今日はスポーツマンクラブへ行こうよ」と周囲の目を気にすることなく言うこともできるのです。

店を持つのにあたって私が考えたのは、「姫」で売掛金を踏み倒されて痛い思いをした経験から現金商売にすること、キャリアのあるホステスはナマイキなので、ホステスはウブで給金の安い素人に限定することでした。

でも成功した最大の理由は、1万円という低価格で遊べるという評判が広まったからだったと分析しています。〝座って10万〟という銀座のクラブで遊ぼうかと考える男性にとって、1万円はホステスに渡すチップの金額。チップ代で遊べるのですから何軒かハシゴをする中に必ず立ち寄る店として組み込んでもらえると踏んだのです。そのために10枚つづりのチケットを売り出すことも考案しました。

「男は銀座に見栄を張りにくる」といわれていた当時の銀座に、そういう店は存在しませんでしたので、一か八かの賭けでした。けれど、たまに来て10万円払ってもらう店より、1万円でも毎日来てもらえる店を作りたいという私のアイデアは大当たりし、またたく間に店は軌道に乗りました。

軌道に乗った店をチーママにまかせ、銀座を上がったのは31歳のとき。5年交際していた男性と結婚したいと思ったからです。相手がヤキモチ焼きで、とても男性相手の商売を続けられる感じではなかったというのが実際のところですが、そのかわり残っていた借金は彼がキャッシュでポンと支払ってくれました。

こうして、私のところに店の売り上げの中から月に50万円ほどが振り込まれる生活が始まったのです。年収はガクンと落ちましたが、好きな男性のためですから仕方がありません。

ところが、いざ結婚という段になって、彼に家庭があることが発覚したのです。それでも2年半くらい不倫の関係を続けていましたが、彼には結婚の約束を果たす気がないんだなと悟り、泣く泣く別れることにしました。

困ったのは自分の身の振り方。一度銀座から離れた人間がクラブママとしての勘を取り戻すのは至難の業ですが、かといって働かないわけにもいきません。

その当時に私が語っていた夢は、「寿司屋を経営したい」というものでした。別れた男性からいただいた慰謝料で、大好物であるお寿司の店を経営したいと考えたのです。思い立ったが吉日とばかりに職人さんを求めて全国のお寿司屋さんを食べ歩いていたところ、九州の小倉で運命的な出逢いをします。

その店で出されたお寿司は、魚をサッとあぶって握り、塩で食べるというもの。そのお寿司の美味しさに圧倒されてしまった私は「これだ！」というものを感じ、塩で食べるお寿司の店を銀座のポルシェビルの裏にオープンしたのです。

今でこそ塩ブームですが、当時は魚をあぶるのも、塩でお寿司を食べるのも邪道。うまくいくはずがないと周囲の人には言われました。

けれど、これまたビックリするほど繁盛しました。

塩で食べるお寿司には、日本酒やビールのみならずシャンパンやワインがよく合います。バブルの真っ只中で、デートならドンペリか年代物のワインじゃなくちゃという風潮。そうした時代背景に後押しされたといえるでしょう。


寿司屋は2年半で辞めたのですが、それは売り上げが落ちたからではなく、時代の流れが変わっているのを察知したからです。キャッシュで飲んでいた人がカードで支払うようになったり、いつもなら「このあとクラブへくり出すぞ」と言う人が、「今日はおとなしく帰るか」と言い出したり……。

そこで、2年半のあいだに溜まった超一流のお客さんたちの名刺を見つめながら私は、「寿司屋を改装して和風のバーを経営したい」という次なる夢を語りはじめたのでした。

ほどなくして実現したその店の特徴は、ホステスさんが全員巨乳だということ。しかも店に着てくる服の露出度によって時給を変えました。カウンターの中にいるだけで触らせるサービスはいっさいなかったので、見せるだけならと女の子達が競って露出度の高い服で接客し、この店も流行りました。

でも銀座の一等地に建つビルの1階ということで、家賃は月70万円という高さ。何かもっと儲かる方法はないかと思案していたときに、舞い込んできたのが結婚相談所を経営している友達からの電話でした。経営が立ち行かないので200万円貸してくれないかと持ちかけられたのですが、そのとき、結婚相談所と聞いてピンとくるものがありました。土曜日曜祝日は店が休みだから、店を使ってお見合いパーティーをすればいいんじゃないかとひらめいたのです。

そこで私は友人に、300万円で結婚相談所のノウハウと会員名簿を買い取らせてくれないかと持ちかけました。二つ返事で承諾してくれたので、さっそくお見合いを仕切ったのですが、そこで一案。

友人は男性1万5000円、女性1万円の会費で一対一のお見合いをしていたのに対し、私は同じ会費で10人対10人のお見合いパーティーを開くことにしたのです。

すると、出逢いのチャンスが10倍になったことで大盛況。一回で25万円の収入になり、それを昼夜二回開催すると50万円、毎週土日に開くと月に8回で400万円。なんと1カ月で買い取った300万円のもとを取ることができました。

うまくいく保証はありませんでしたが、どうせ土日はお店が空いているし、人にお金を貸したって返ってこないのが常。ならばダメモトで面白いことができればいいやと軽い気持ちで踏み切ったのがよかったのだと思います。

2カ月後には20人対20人でも半年先まで予約で埋まるようになりました。これは店でチマチマやっている場合ではないということで広い会場を借り、100人対100人でのお見合いパーティーを開催するようにまでなったのです。

けれどマスコミで取り上げられたこともあり、やがて真似をする人が現れました。そうなると、あとは価格競争になることは目に見えています。そこで、ノウハウごと2000万円で売ることにして、潔く手放しました。

「ボーイズバーを経営したい」

そのころに私が語っていた夢が、これ。土日に開催していたお見合いパーティーがなくなったかわりに、店を24時間フルに使おうと考えていたときに、ポッと降りてきたのが、「女の子たちが帰ったあとのお店で、銀座のホステスが立ち寄るボーイズバーをやったらどうだろう」という発想だったのです。もっとも、私が六本木のボーイズバーにハマっていたからでもあるのですが。

当時、私はほとんど毎晩のように、美少年クラブと呼ばれる六本木の店を渡り歩いて湯水のようにお金を使っていました。でも、それぞれの店からお気に入りを引き抜いて自分の店で働いてもらえば、私はタダで彼らとお酒を飲めるじゃないの！

というわけで、これまた軽いノリで行動を開始したのです。売り上げを伸ばせば伸ばすほど彼らの給料が上がるという歩合制で雇ったところ、本当によく働いてくれて連日満員。正直な話、笑いが止まりませんでした。

そんな42歳のある日、私は女友達からの「新しくボーイズバーがオープンするからいっしょに行かない？」という誘いを受け、他店を偵察するのもいいかなと思って同行したのです。

つまらない店で、というか好みのタイプの男の子がいなかったので、私はブーブー文句を言い出す始末だったのですが、そんなときに私好みの男性が店に入ってきました。その人こそが、本の中で「私が寝た1000人の中でもっともセックスが上手な人」として登場する男性。一目惚れでした。惚れて惚れて、彼とのセックスに夢中になってさらに惚れ、彼に自分の店をまかせるほど入れ込み、1億円ほど貢いだあげくに店の女の子と浮気をされて、泣きながら別れたという哀しいオチがついてしまいましたが、後悔はしていません。

人生はトントン。大きく稼げば大きく損をする。いいことばかりが続かないのが常なのです。そんなことをボンヤリと考えているうちに、私の中からストンと金銭欲や野心といった憑《つ》き物《もの》が落ちていきました。

セックスカウンセラーになりたい——私がそんな夢を語りはじめたのは、それからほどなくしたころでした。

男友達と話をしていると、いつも私はセックスの相談役でしたので、みんなセックスの悩みを抱えているんだなぁと思っていたのです。

しかも、その相談というのが女性の私からするとピント外れなものばかり。たとえば「潮を吹かせるにはどうしたらいいのか?」とか「もう若くないから二回戦、三回戦は無理だ」とか。いやいや、そんなことはどうでもいいから彼女を感じさせてあげなくちゃ、という話なんです。

プレイボーイを自負する男性までもがセックス1年生のまま成長していないのを目の当たりにして、日本には本当のセックスを教えるという土壌がないことを確信しました。ところが、ちょっとアドバイスするだけで「君のアドバイスどおりにしたら、彼女との関係が復活したよ」などと感謝される。つまり、改善の余地があるということを意味します。

私の一言で幸せなカップルが誕生する。それは、これまでに感じたことのないほど気持ちのいいことでした。

やがて授業料を取って教えるべきだと周囲の男性から言われるようになるのですが、そのころにはもちろん具体的な夢を描き、どんどん夢を語っていました。それがセックスカウンセリング講座「セクシャルアカデミー」の開設へとつながったのです。

あれから12年経った今、私は「房中術を広めたい」という夢を盛んに語っています。ビジネスを展開するのは魅力的で、アイデアはどんどん湧いてきますが、といっても、もう大儲けをしたいなどとは考えていません。結局のところ、誰かのためになることでなければ事業は続かないし、誰かに必要とされなくては私自身のモチベーションを保つことができないと気づいたからです。

人はひとりでは生きていけません。性欲は、食欲、睡眠欲と同じ本能的な欲望ですが、それは子供をつくるという以外に、セックスが人と人を強く結びつけるコミュニケーションツールだからなのではないでしょうか。

房中術には、女性が理想としているのにもかかわらず、男性にとっての盲点だったセックスの秘儀が詰まっています。

この本は実用書です。実践しなければ意味がありません。

さぁ、あなたも房中術で豊かなセックスライフを手にいれましょう!

◎本書は書き下ろしです。

文庫ぎんが堂

40歳からのモテるセックス

2012年8月11日　第1刷発行

著者　田辺まりこ

ブックデザイン　タカハシデザイン室

発行人　木村健一
発行所　株式会社イースト・プレス
〒101-0051　東京都千代田区神田神保町2-4-7 久月神田ビル8F
TEL 03-5213-4700　FAX 03-5213-4701
http://www.eastpress.co.jp/
印刷所　中央精版印刷株式会社

ISBN978-4-7816-7074-4

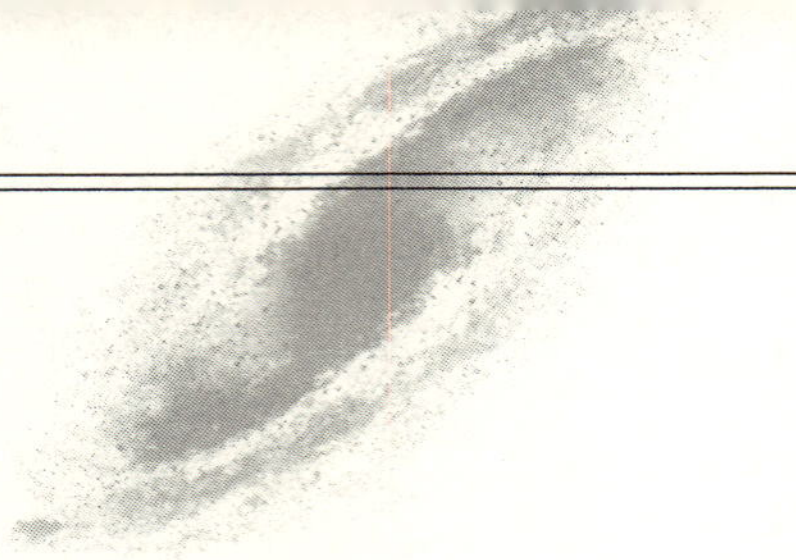

文庫ぎんが堂　創刊の言葉

——読者の皆様へ

夜空に輝く金と銀の星たち。その一つひとつが、それぞれの個性で輝き続ける。どの星も創造的で魅力的。小さいけれど、たくさん集まれば、人びとの頭上にきらめく銀河の悠久の流れになるのではないか。

そんな夢想を現実化しようと「文庫ぎんが堂」の創刊に踏み切りました。

読者のみなさんの手元で輝き続ける星たちを、そして、すべての方の人生に新たな光を与える書籍を刊行していきたいと願っております。

——出版社および著者の方へ

「文庫ぎんが堂」は、イースト・プレスの自社刊行物にとどまらず、読者評価の高い優れた書籍ならすべて、出版権者、著作権者の方たちとの共同事業方式による文庫化を目指します。私たちは「オープン文庫」とでも呼ぶべきこの新しい刊行方式によって出版界の活性化に貢献しようと決意しています。

ご遠慮なくお問い合わせくだされば幸いです。

イースト・プレス代表　小林　茂

文庫ぎんが堂

文庫ぎんが堂